RÜCKENWIND FÜR SCHEIDUNGSKINDER

Ein Ratgeber für verantwortungsbewusste Eltern

Bildnachweis:

Coverfoto: Ryan Kelly/iStockphoto.com
Veronika Richter: S. 89
Beatrix Kutschera: S. 102, 109
Alle restlichen Fotos: iStockphoto.com
Autorenfoto beigestellt

Wir danken folgenden Verlagen für die Abdruckgenehmigungen:

„Der Bär und der Hase" aus Alexa Mohl: Alles Einbildung – neue therapeutische und pädagogische Metaphern, Junfermann Verlag, Paderborn 2001

„Vorsicht bei der Rücksicht" aus Christine Nöstlinger: Das Leben ist am schwersten zwei Tage vor dem Ersten, Residenzverlag 2006

Impressum:

Autorin: Mag. Veronika Richter
Lektorat: Mag. Waltraud Wetzlmair-Zechner
Cover: Oskar Kubinecz
Grafische Gestaltung: Beatrix Kutschera, www.atelier21.at
Technische Betreuung: Johann Kutschera, www.atelier21.at
Druck: General Druckerei GmbH, Ungarn

www.kneippverlag.com

ISBN: 978-3-7088-0516-0

1. Auflage, April 2011

VERONIKA RICHTER

Rückenwind für Scheidungskinder

Ein Ratgeber für verantwortungsbewusste Eltern

kneipp verlag
WIEN

Zum Geleit

»Deine Kinder sind nicht deine Kinder«

Deine Kinder sind nicht deine Kinder.
Sie sind Söhne und Töchter der Sehnsucht des Lebens nach sich selbst.
Sie kommen durch dich, aber nicht von dir,
obwohl sie bei dir sind, gehören sie dir nicht.
Du kannst ihnen deine Liebe geben, aber nicht deine Gedanken,
denn sie haben ihre eigenen Gedanken.
Du kannst ihrem Körper ein Heim geben, aber nicht ihrer Seele;
denn ihre Seele wohnt im Haus von morgen,
das du nicht besuchen kannst, nicht einmal in deinen Träumen.
Du kannst versuchen, ihnen gleich zu sein, aber suche nicht,
sie dir gleich zu machen;
denn das Leben geht nicht rückwärts und verweilt nicht beim Gestern.
Das Leben ist heute, ist jetzt.
Du bist der Bogen, von dem deine Kinder als lebende Pfeile ausgeschickt werden.
Lass die Bogenrundung in der Hand des Schützen Freude bedeuten.

Kahlil Gibran (1883 – 1931)

Inhaltsverzeichnis

Danksagung

Ich danke meinen Töchtern, die mich immer wieder unterstützt und ermutigt haben, dieses Buch zu schreiben.

Cosima, danke für deine umfangreichen Recherchearbeiten und die zeitaufwendigen, professionellen Korrekturen und Ergänzungen.

Nina, danke für dein Interesse.

Valerie, danke für deine guten Anregungen zur Struktur und deine vielen motivierenden Worte.

Cornelia, danke, dass du da bist, für die guten Gespräche und deine humorvollen Kommentare.

Wolfgang, dir gebührt Dank für dein offenes Ohr, für viele wesentliche Denkanstöße die Prinzipien des Lebens betreffend und für deine Anleitung zur Klarheit.

Meinen Eltern danke ich ganz herzlich, die mir als Kind trotz vieler widriger Umstände und Schwierigkeiten ein sicheres Nest bereitet haben und auch in späteren Jahren bedingungslos hinter mir gestanden sind. Ich danke meinem Vater, der mir vorbildhaft gezeigt hat, dass es immer einen Weg gibt, um auf einen „grünen Zweig" zu kommen. So durfte ich erfahren, was Familie im besten gelebten Sinn heißt.

Ich danke allen meinen Freunden und Kollegen, die mir wohlwollend und motivierend zur Seite standen.

Ich danke dem Verlagsteam für die von Beginn an herzliche Atmosphäre, die gute Betreuung und die gelungene Gestaltung des Buches.

Mein ganz besonderer Dank gilt natürlich allen Kindern, die ich in diesen vielen Jahren begleiten durfte, und die sich mir vertrauensvoll öffneten.

Ebenso danke ich allen Eltern, die mir ihre Kinder anvertraut haben und sehr offen über ihre aktuelle Lebenssituation sprachen.

Ohne sie wäre dieses Buch nicht entstanden.

Vorwort

„Schreib ein Buch!" Diese Aufforderung kam von Susanne, mit der ich seit vielen Jahren freundschaftlich verbunden bin. Susanne ist selbst alleinerziehende Mutter, Mediatorin, Trainerin für Diversity Management, Konfliktmanagement, Burn-out-Prophylaxe, Buchautorin und Expertin für sämtliche Scheidungsfragen.

Ihre E-Mail erreichte mich nach meinem Impulsreferat mit dem Titel „Trennung / Scheidung aus der Sicht der Kinder" auf der weltweit ersten Scheidungsmesse STARTE NEU, die Ende Oktober 2007 im Marriot Hotel in Wien unter großer Medienpräsenz stattgefunden hatte. Susanne saß damals als Zuhörerin im Saal. Nach meinem Vortrag bat ich sie als Fachfrau um ein kurzes Feedback und sie meinte zu meiner großen Freude, sie selbst hätte den Vortrag genauso gehalten.

Erst einige Monate später begann ich mich damit gedanklich auseinanderzusetzen. Mir wurde sehr schnell klar, dass ich nicht das x-te Fachbuch schreiben wollte. Es sollte ein praktischer Leitfaden werden. Meine privaten und beruflichen Erfahrungen mit Kindern und Jugendlichen, mein offenes Herz und offenes Ohr für ihre Anliegen sind die Quellen, aus denen ich schöpfe.

Mein „Ursprungsberuf", besser gesagt, meine ursprüngliche Berufung ist Mutter. Viermal hatte ich das große Glück, einen neuen Erdenbürger von Geburt an begleiten zu dürfen, ihm ein Nest zu bereiten, seine Talente zu fördern und ihm Halt und Sicherheit zu geben, bis er auf eigenen Beinen stehen konnte. Das Schicksal bescherte mir vier wunderbare Menschen als Töchter. Sie waren über viele Jahre meines Lebens meine wichtigste Aufgabe, für mich insgeheim gerne als „intensive Kinderbewirtschaftung" bezeichnet, frei nach „intensiver Feldbewirtschaftung" – einem der wenigen „Termini technici", die mir von meinem Studium der Handelswissenschaften in Erinnerung geblieben sind. Vereinfacht gesagt, ich wollte mein Bestes geben, damit „meine" Kinder bekommen, was sie brauchen. Mit und an meinen Töchtern habe ich immens viel gelernt und lerne immer noch. Dafür bin ich sehr dankbar.

Der Vater unserer gemeinsamen Töchter ist von Jugend an mein Partner.

Gefährliche Klippen haben wir schon gemeinsam umschifft, viel Schönes erlebt und aufregende Abenteuer erfolgreich überstanden. Unsere jahrzehntelange Reise gleicht ein bisschen einer „Odyssee", mit dem Unterschied, dass wir uns gemeinsam auf den Weg ins Ungewisse gemacht haben. Meistens beide in einem Boot, gelegentlich auch jeder in einem eigenen. Manchmal war auch einer im Schlepptau des anderen.

Jetzt hat es den Anschein, als näherten wir uns dem Zielhafen. In dem Sinne nämlich, als hätten wir endlich verstanden, worum es in unserer – in einer – Beziehung eigentlich geht. Dies umzusetzen bedeutet jedoch nicht, vor Anker zu gehen, zu vertäuen und auszuruhen, sondern immer wieder zu neuen Ufern aufzubrechen, beständiges Üben und Lernen.

Seit 1995 arbeite ich für „Rainbows – für Kinder in stürmischen Zeiten", ein Gruppenprogramm für Kinder und Jugendliche nach Trennung bzw. Scheidung der Eltern. Die Methode basiert auf dem Modell der fünf Stufen zur Trauer- und Verlustbewältigung nach Dr. Elisabeth Kübler-Ross. „Rainbows" bietet Kindern professionelle Unterstützung in dem geschützten Rahmen einer Kleingruppe und Erfahrungsaustausch mit Gleichaltrigen und gleich bzw. ähnlich Betroffenen.

Für „Rainbows" leitete ich bereits 40 Kindergruppen und sieben Feriencamps und betreute in dieser Zeit weit mehr als 250 Kinder.

Seit Jänner 2008 arbeite ich als Besuchsbegleiterin beim Wiener Familienbund. Im Besuchscafé begegnen Kinder einem Elternteil, zu dem sie lange keinen Kontakt mehr hatten. Dies erfolgt im Beisein eines speziell geschulten Besuchsbegleiters oder einer Besuchsbegleiterin. Zumeist geschieht das auf Anordnung des Gerichts oder wenn beide Eltern dies (bei Gericht) beschließen. Besuchsbegleitung ist dann erforderlich, wenn „nichts mehr geht", wenn die Eltern aus unterschiedlichen Gründen nicht miteinander reden können. Ziel ist die Wiederanbahnung des persönlichen Kontakts und der Aufbau von Beziehung eines Kindes zum Besuchs-Elternteil.

Alle diese Erfahrungen zeigten mir, welch zentrale Bedeutung eine gute **Kommunikationsbasis** zwischen Mutter und Vater zukommt. Die wichtigste Voraussetzung, wieder miteinander sprechen zu lernen, ist die Bereitschaft, „über den eigenen Tellerrand zu schauen". Dies bedeutet im Wesentlichen, die Aufmerksamkeit auf die **Bedürfnisse und Anliegen des gemeinsamen Kindes zu lenken** und die eigenen Verletzungen und Kränkungen hintanzustellen.

Leichter gesagt als getan!

Dieses Buch möge es Ihnen ein wenig leichter machen, es soll einige wichtige Denkanstöße geben und wertvolle Hilfestellung sein. Eine zentrale Bedeutung nehmen dabei die Begriffe ***Gegenwind*** und ***Rückenwind*** ein. Gegenwind bedeutet „so bitte nicht", so funktioniert es nicht, Rückenwind zeigt Ihnen einen möglichen Weg, wie Probleme gelöst, heikle Situationen aufgefangen und zum Positiven hin bewegt werden können. Die Zitate, die unter den Abschnitten „Gegenwind" und „Rückenwind" zu finden sind, sind zum großen Teil aus meiner Arbeit mit Kindern und Eltern entnommen.

Prolog

Vorgeschichte: Bei *Ferdinand Raimund* manchmal in den Wolken …

Bei *Ferdinand Raimund (1790 – 1836, österreichischer Dramatiker)* beginnen die Geschichten mancher seiner Stücke „über den Wolken“ in einer Feenwelt. Menschen werden vor Aufgaben gestellt, an denen sie reifen sollen. Dies bildet die Brücke zur Ausgangsposition eines verliebten Paares, das genauso wenig Ahnung vom gemeinsamen Leben hat, also dieselbe Startposition fernab jeglicher Realität einnimmt wie die Figuren und Charaktere im Theater.

Wie alles begann ...

Es waren einmal eine Märchenprinzessin und ihr Herzkönig, die hatten sich unsterblich ineinander verliebt und beschlossen, ihr Leben miteinander in perfekter Harmonie zu verbringen – frei nach dem Motto:

„... und wenn sie nicht gestorben sind, dann leben sie noch heute ... im Lustschloss auf Wolke Nummer 7 ..."

Die Krönung beider Glück waren die Kinder, die Familie ihr wertvollstes Gut, ihr Zuhause eine sichere Festung.

Aber es kam anders:

Die Wirklichkeit holte sie ein, denn weder war sie eine Märchenprinzessin, noch war er der perfekte Herzkönig. Ihre Vorstellungen vom gemeinsamen Leben und ihre Erwartungen, wie der andere zu sein hat, stimmten mit der Realität nicht überein. Immer größer wurde die Kluft zwischen dem, was sein sollte, und dem, was tatsächlich war. Unbewusst wurden Verhaltensmuster aus der Herkunftsfamilie in die junge Familie getragen und stellten sich als völlig unpassend, unbrauchbar und schädlich heraus.

Die beiden hatten auch nicht gelernt, mit Konflikten und Problemen umzugehen, und so wurde die Versöhnung nach jedem Streit immer schwieriger, zuletzt sogar unmöglich.

Die Idylle bröckelte ab, die Illusion zerplatzte wie eine Seifenblase, die „heile" Welt brach zusammen. Das Lustschloss wurde zum Luftschloss. Eine große Enttäuschung macht sich breit und der Plan vom gemeinsamen Leben ist gescheitert. Es löst ein Trugbild das andere ab: Die rosa Brille hatte die Sicht auf den anderen verfälscht. Nun ist es nötig, ein neues Bild zu zeichnen, um sich von ihm leichter trennen zu können: Der bislang liebste Mensch auf Gottes Erdboden wird uninteressant, unakzeptabel, ja oft sogar zur absoluten Unperson, zum Erzfeind.

Wie geht die Geschichte nun weiter?

Im täglichen Leben zeigen sich unendlich viele Facetten – hier eine kleine Auswahl an Szenarien, wie sich die Geschichte von der Märchenprinzessin und ihres Herzkönigs entwickelt haben könnte ...

WIE EIN BLITZ AUS HEITEREM HIMMEL

Bernhard, Ehemann seit mehr als 20 Jahren und engagierter Familienvater, erledigt wie jeden Samstagvormittag den wöchentlichen Großeinkauf für seine Lieben. Gemeinsam wird dann, wie üblich, spät und gemütlich gefrühstückt. Irgendwie wirkt er an diesem Samstag schweigsamer als sonst. Auf die Frage seiner Frau Irene, was mit ihm los sei, weicht er zunächst aus. Als sie aber nicht locker lässt, eröffnet er ihr, er habe vor wenigen Wochen seine große Liebe gefunden und beabsichtige, noch heute seine Familie zu verlassen, um mit seiner neuen Geliebten ein neues Leben aufzubauen. Irene fällt im wahrsten Sinne des Wortes aus allen Wolken. Die beiden fast erwachsenen Söhne Simon (18 Jahre) und Benni (17 Jahre) halten ihren Vater für verrückt, glauben, ihr Vater mache einen schlechten Scherz und wollen von ihm hören, dass dies nicht wahr ist.

Bernhard steht wortlos vom Tisch auf, geht ins Kinderzimmer zur kleinen 10-jährigen Anna, die sich sofort schluchzend aufs Bett geworfen hat.

Ihr geliebter Papa hat Mama nicht mehr lieb und will sie und ihre Brüder jetzt verlassen! Die ganze Welt bricht für sie zusammen und sie hat schreckliche Angst! Bernhard versucht, Anna zu beruhigen, indem er ihr versichert, er bleibe ihr als Papa erhalten, auch wenn er nicht mehr hier bei ihr lebt. Vergeblich, Anna ist untröstlich, weint und weint und will nichts mehr hören. Irene ist einem Nervenzusammenbruch nahe und geht zu Anna. Die Söhne versuchen, den Vater zur Vernunft zu bringen und reden lautstark auf ihn ein.

Es geht drunter und drüber.

Bernhards Miene wird undurchdringlich und abweisend. Kurz entschlossen geht er ins Schlafzimmer und packt seine Koffer. Er nimmt nur seine persönlichen Sachen mit. Ohne ein weiteres Wort verlässt Bernhard das Haus.

Innerhalb einer Stunde ist der Spuk vorbei. Eine bislang glückliche „Bilderbuch-Familie“ zerbricht. Zurück bleiben vier Menschen in absoluter Fassungslosigkeit. Die ersten Wochen erleben Irene, Simon, Benni und Anna wie einen bösen Albtraum, aus dem sie nichts sehnlicher wünschen als aufzuwachen.

Gott sei Dank gibt es Rückhalt bei Freunden und in der Familie, außerdem nehmen sie psychologische Hilfe in Anspruch.

SILVESTERÜBERRASCHUNG

Wie jedes Jahr wollen zwei befreundete Familien den Silvesterabend gemeinsam verbringen: Familie H., Vater Guido, Mutter Marie und ihre Söhne Felix (12 Jahre) und Baby Fabian (8 Monate) und Familie S., Mutter Diana, Vater Gerhard und ihre vier Kinder Carina (13 Jahre), Klaus (11 Jahre), Sandra (8 Jahre) und Florian (4 Jahre).

Und wie jedes Jahr ziehen Guido und sein „Großer“ los: Felix darf Feuerwerkskörper aussuchen, um es ordentlich krachen zu lassen. Für das reichhaltige Buffet – immerhin ist der Abend ja lang – sorgt heuer Familie S., um Marie mit dem Baby ein wenig zu entlasten.

Die Feier findet diesmal bei Familie H. statt, damit Baby Fabian in seiner gewohnten Umgebung schlafengelegt werden kann.

Wie schon in den Jahren vorher sind die Kinder für das Spielprogramm zuständig.

Der Abend läuft wie gewohnt ab, Eltern und Kinder haben jede Menge Spaß. Kurz vor Mitternacht schlägt dann die Neuigkeit ein wie eine Bombe: Guido H. und Diana S. haben sich ineinander verliebt und sind seit einigen Monaten ein Liebespaar. Beide eröffnen nun ihren Partnern, sie wollen aus der Ehe aussteigen und sie haben beschlossen, miteinander zu leben. Sie meinen, da sie sich ja alle gut kennen und befreundet sind, wird sich das neue Leben gut organisieren lassen. Sie haben auch schon Wohnmodelle entwickelt, die den veränderten Gegebenheiten entsprechen.

Während die „frisch gebackenen Ex-Partner“ Marie und Gerhard das Gefühl haben, in einem falschen Film zu sitzen und sich völlig überfahren fühlen, bricht für sechs Kinder gerade eine ganze Welt zusammen.

Das neue Jahr beginnt mit vielen Turbulenzen und extremen Schwierigkeiten für alle.

Eine Mutter verlässt ihre vier Kinder.

Ein Vater wundert sich, wieso sein Sohn nichts mehr von ihm wissen will.

Eine Frau wünscht sich so bald wie möglich einen neuen Partner, zu dem ihr Baby „Papa" sagen lernt.

NICHTS GEHT MEHR

Paul und Ingrid haben sich auseinandergelebt, das Ehepaar geht sich nur noch auf die Nerven. Zu viel hat sich im Leben der beiden geändert, gemeinsame Interessen gibt es nicht mehr.

Sie waren beide jung, als sie beschlossen hatten, zusammen zu leben. Damals wollten sie eigentlich nur weg von ihren Eltern, wollten frei und unabhängig sein. Das ging einige Jahre gut, aber seitdem die Kinder da waren, wurde alles anders. Verhaltensmuster aus den Herkunftsfamilien schlichen sich unbemerkt ein und machten ihre hochfliegenden „Wir machen es einmal besser als unsere Eltern"-Pläne zunichte. Der Frust und die Langeweile sind kaum noch zu ertragen, manchmal kracht es auch.

Paul hat sich längst entschieden zu gehen, traut sich aber noch nicht, den entscheidenden Schritt zu machen. Ingrid hält noch an der Ehe fest. Es macht ihr Angst, sich das Scheitern ihrer Beziehung einzugestehen und sie weicht aus, wenn es ans „Eingemachte" geht.

Max (9 Jahre) und Hanna (12 Jahre) spüren die Spannung der Eltern und sind oft außer Rand und Band. In der Schule klappt es auch nicht mehr so richtig. Max möchte gar nicht mehr hingehen, Hanna hat sich vorgenommen, keine Hausaufgaben zu machen und auf Fragen der Lehrer gar nicht mehr zu antworten.

Endlich treffen Paul und Ingrid die Entscheidung zur

Trennung. Er sucht eine Wohnung und richtet sie mit dem Notwendigsten ein. Sie sind sich einig: Die Kinder sollen gleich viel Zeit mit der Mutter wie mit dem Vater verbringen. Viele Gespräche folgen, in denen sie um eine gute Lösung für die Kinder ringen. Bevor sie den Kindern ihre Entscheidung mitteilen, müssen die wichtigsten Vorbereitungen für ihr Leben danach getroffen worden sein.

Dann ist es so weit: Paul und Ingrid sprechen gemeinsam und lange mit Max und Hanna. Mit den einleitenden Worten „dies ist eine Sache zwischen Mama und Papa, ihr könnt nichts dafür" teilen sie ihren Kindern den Entschluss zur Trennung mit. Zugleich kündigen sie Max und Hanna an, dass sie als Eltern das Leben der Kinder so angenehm wie möglich gestalten wollen und wie es konkret weitergehen wird: Max und Hanna werden ab sofort zwei Zuhause haben.

Max weint ein wenig, Hanna ist neugierig, wie Papas neue Wohnung aussieht und wie groß das Kinderzimmer ist, das später geteilt werden kann, damit jedes Kind ein eigenes Reich hat. Noch am selben Tag machen sich Paul, Max und Hanna auf den Weg und besorgen Stockbetten für das neue Kinderzimmer. Die Kinder dürfen sich noch einige weitere Sachen aussuchen, um ihr neues, zweites Zuhause gemütlich zu machen.

„FREEZE": WENN ROLLEN ERSTARREN

Es begann alles im traditionellen Rahmen: Klaus (38 Jahre) klettert die Karriereleiter hoch, seine Frau Marta (36 Jahre) bleibt nach der Geburt der Zwillinge Jasmin und Ines zu Hause, betreut die Kinder und macht den Haushalt. Als die Kinder in den Kindergarten gehen, nimmt Marta wieder einen Teilzeitjob an.

Alles läuft weiterhin bestens zu Hause, sie arbeitet und versorgt die Kinder, Klaus geht in seiner Freizeit seinen Hobbys nach, er ist begeisterter Tennisspieler, immerhin hat er schon in jungen Jahren Bewerbe gewonnen und er findet, dieser Freiraum stehe ihm zu, er braucht einfach die Entspannung. Zuhause klappt ohnehin alles, auch ohne ihn. Außerdem will ständig jemand etwas von ihm, sobald er bei der Haustür hereinkommt, das wird ihm zunehmend lästig. Klaus ist immer seltener zu Hause, trifft seine Freunde, bleibt nächtelang weg, für die Familie bleibt kaum Zeit.

Im Urlaub verschläft er die ersten zwei Tage und danach ist seine Motivation, mit den Kindern zu spielen oder etwas zu unternehmen, nur sehr gering. Er ist ungeduldig, seine Frau und die Kinder gehen ihm auf die Nerven. Marta behandelt er wie seine Mutter. Als Frau ist sie für ihn nicht mehr attraktiv genug. Die jungen, „Single"-Sportlerkolleginnen auf dem Tennisplatz interessieren ihn weit mehr.

Marta ist zunehmend unzufrieden und wünscht sich seine Mithilfe, seine Initiative. Ihr sind gemeinsame Unternehmungen wichtig, aber Klaus denkt nicht daran, sein Leben zu ändern. Nach reiflicher Überlegung stellt sie Klaus eines Tages vor vollendete Tatsachen: Sie will die Scheidung.

Nach einigen vergeblichen Versuchen, sie zur Umkehr zu bewegen, willigt Klaus ein und zieht aus.

Glück im Unglück für die Kinder: Erst als geschiedener Ehemann „wacht Klaus als Vater auf". Er entwickelt Initiative und lernt, die gemeinsame Zeit mit seinen Kindern aktiv zu gestalten. Jasmin und Ines genießen die Tage mit ihrem Papa. Erst nach der Trennung der Eltern erfahren sie, dass sie für ihren Vater wichtig sind.

Marta ihrerseits fühlt sich endlich entlastet und unterstützt bei der Erziehung der gemeinsamen Kinder.

ROSENKRIEG

„Ausnahmezustand" bei Familie G.: Es herrscht dicke Luft, es braut sich Schlimmes zusammen, irgendwo kracht es immer. Hans und Lore liefern sich „filmreife" Machtkämpfe bis zur „totalen Vernichtung". Julia (14 Jahre) und Niko (11 Jahre) flüchten wie schon so oft ins Kinderzimmer, um ihren kleinen Bruder Elias (5 Jahre) zu beschützen. Elias, der noch gar nicht richtig versteht, was hier eigentlich los ist, aber große Angst hat, schreit herzzerreißend.

Hans, total außer sich vor Zorn, brüllt, droht und schmeißt mit Geschirr um sich. Lore flüchtet ins Schlafzimmer, sperrt sich ein und wirft sich schluchzend aufs Bett. Hans läuft ihr nach, rüttelt an der Tür und tobt.

Schimpfend verlässt er endlich die Wohnung. Die Haustür fällt mit einem lauten Krach hinter ihm ins Schloss. Noch im Stiegenhaus hört man ihn herumschreien.

Die Kinder sind wie gelähmt. Julia hält Elias im Arm und streichelt ihm sanft über den Kopf, während Niko versucht, ihn mit seinem Lieblingsspielzeug abzulenken.

Nach vielen Szenen dieser Art ist das Maß endlich voll. Marta erwirkt eine Wegweisung und reicht die Scheidung ein. Hans darf die Wohnung nicht mehr betreten. Der Scheidungskampf beginnt.

Erst Jahre später sieht Hans seine Kinder im Besuchscafé wieder.

„GUTE (AUF-)LÖSUNG"

Die glückliche Familie R. – ihre vier Kinder Lukas, Stefanie, Alex und Laura sind im Alter zwischen 3 und 12 Jahren – erlebt eine einschneidende Veränderung.

Nie hätte Nora gedacht, dass dies passieren könnte! Mit Christian verband sie von Kindesbeinen an eine tiefe Freundschaft und Verbundenheit. Es war nur zu natürlich, dass sie beide heirateten, und die vier Kinder, das „Glückskleeblatt", sollten Zeugnis und Garantie für ein harmonisches Familienleben sein. Plötzlich trifft Nora völlig überraschend die große Liebe ihres Lebens und dies schlägt bei ihr ein wie der Blitz. Von Anfang an spielt sie mit offenen Karten und spricht mit Christian darüber. Nora möchte die Scheidung von ihrem besten Freund Christian, dem Vater ihrer Kinder. Sehr schweren Herzens akzeptiert er ihre Entscheidung, lässt sie gehen und räumt das Feld.

Christian zieht aus dem gemeinsamen Haus aus, das als Familiensitz geplant war. Ein Freund überlässt ihm seine Wohnung in der Stadt.

Diese ist natürlich viel kleiner und für die Kinder gibt es weniger Platz.

Dennoch schafft es Christian, dass sich die Kinder bei ihm wohlfühlen können.

Christian und Nora bleiben in freundschaftlicher Weise miteinander verbunden. Die Kinder wohnen hauptsächlich bei ihrer Mutter, so ist es einfacher mit Kindergarten und Schule. Daher bleiben Christian meistens nur die Wochenenden mit den Kindern. So oft wie möglich übernimmt er jedoch auch unter der Woche diverse Aufgaben, um seine Kinder zu sehen.

Gott sei Dank gibt es auch noch verständnisvolle Großeltern, die einfach da sind, wenn man sie braucht und sich nicht einmischen.

Das Ziel der gesamten Familie ist das Wohl der Kinder.

AUSEINANDERGELEBT

Eigentlich wussten beide nicht mehr, wann das Ende ihrer Beziehung begonnen hat. Vera und Armin lebten seit einiger Zeit nur noch nebeneinander her, der Alltag wurde zur Routine. Oder war es etwa doch ein Mann im Hintergrund, der den Anstoß zur Auflösung ihrer Lebensgemeinschaft gab? Vera wirkte ganz verändert. War es das Abenteuer, das lockte? Das Gefühl, endlich wieder Leben zu spüren?

Jedenfalls wollten sie ehrlich zueinander sein und auseinander gehen, bevor sich Konflikte zusammenbrauten, die die derzeit (noch) gute Kommunikationsbasis zu erschüttern drohten.

Ihren drei Kindern, Sophie (3 Jahre), Markus (6 Jahre) und Andreas (8 Jahre), sollte es trotz der Trennung gut gehen, darin waren sie sich einig.

Sie vereinbarten, dass Armin und die Kinder im Haus bleiben sollten und Vera möglichst in der Nähe eine Wohnung mietete. Glücklicherweise war Veras Suche rasch erfolgreich.

Beruflich waren beide Eltern flexibel genug, die Familienform zu wählen, die sie sich vorgestellt hatten. So ermöglichten Vera und Armin ihren Kindern, zwei Zuhause zu haben: Auf eigenen Wunsch von Markus und Andreas (Sophie schloss sich ihren Brüdern an) pendelten sie wöchentlich, damit die Zeit nicht zu lange wurde, bis sie den anderen Elternteil wieder sahen. Sie probierten das eine Zeitlang aus, und zur großen Überraschung der weiteren Familie und ihrer Freunde funktionierte es auch.

Die Kinder und auch die Eltern sind zufrieden.

Die Würfel sind gefallen

**Das Ende einer Beziehung ist besiegelt,
der Entschluss, in Zukunft getrennte Wege zu gehen, gefasst.**

Für **das Scheitern einer Beziehung** gibt es viele Ursachen:

- Man hat sich im Lauf der Zeit auseinandergelebt.
- Man hat sich in verschiedene Richtungen entwickelt.
- Es herrschen schwelende Unzufriedenheit, Frust, Langeweile.
- Das Miteinander funktioniert nicht mehr.
- Der Partner/Die Partnerin hat die große Liebe des Lebens gefunden.
- Der Partner/Die Partnerin ist immer wieder auf der Suche nach einem neuen Abenteuer.
- Einer von beiden geht auf und davon, bricht aus seinem/ihrem bisherigen Leben aus.
- Einer der beiden entschließt sich, Single und frei sein zu wollen.
- In der Beziehung herrscht Gewalt.
- Drogen und Alkohol zerstören das Miteinander.
- Eine (schwere) Krankheit macht das weitere Zusammenleben unmöglich.

Wenn aus Liebe Hass wird, gehen die Emotionen hoch, Konflikte eskalieren und die Folgen sind Enttäuschung, Kränkung und Verletzung. Zur Stärkung der eigenen Position wendet man strategische Hilfsmittel an, wie z. B.

- Intrigen und Winkelzüge
- „Mauern", sich verschanzen
- Allianzen bilden
- Polarisierung der restlichen Familie
- Kontaktabbruch zu Freunden, die „auf der gegnerischen Seite" stehen

So entstehen **Feindbilder**, die nur sehr schwer wieder aufgelöst werden können.

Die Erfahrung zeigt, dass es besser ist, **rechtzeitig eine Trennung** zu vollziehen, bevor gar nichts mehr geht. Dabei gilt, dass die Art und Weise, **wie** eine Trennung vollzogen wird, wichtiger ist als die Tatsache der Trennung selbst.

Obwohl sich die Schicksale gleichen, jeder macht seine eigenen Erfahrungen!

Für jeden Menschen stellen **das Scheitern seiner Beziehung** und der damit verbundene Zusammenbruch des eigenen Lebenstraumes eine ganz **besondere Herausforderung** dar, die je nach seinen individuellen Möglichkeiten bewältigt werden kann. Dies hängt von der eigenen Einstellung zum Leben und den Ressourcen im sozialen Umfeld, von Freunden und Verwandten, ab.

DER EINSEITIGE ENTSCHLUSS

Ein Partner trägt sich schon mehr oder weniger lange mit dem Gedanken, die Beziehung zu beenden, spricht jedoch nicht darüber und lässt sich kaum etwas anmerken. Auf Fragen, ob etwas nicht in Ordnung sei, gibt er ausweichende Antworten. So bleibt der andere Partner oft völlig ahnungslos. Wenn dann gewissermaßen „die Zeit reif ist", stellt er den anderen vor vollendete Tatsachen.

„Reisende soll/muss man ziehen lassen ..."

BEIDE FASSEN DEN ENTSCHLUSS ZUR TRENNUNG/SCHEIDUNG

Selten wird diese Entscheidung von beiden Partnern zur selben Zeit getroffen und offen darüber gesprochen.

DIE UNENTSCHLOSSENEN

Auch sie sollen in dieser Auflistung nicht fehlen: Jeder hegt den Wunsch nach Veränderung, ohne konkret zu wissen, wie diese aussehen, wohin die Veränderung führen soll. In dieser Phase ist es sinnvoll, eine Trennung auf Zeit zu vereinbaren.

In der Regel gibt es also den individuellen „Scheidungszeitpunkt“. Massive Turbulenzen im Familienleben sind dadurch vorprogrammiert: Einer möchte gehen, der andere ist (noch lange) nicht bereit, kann oder will nicht loslassen. Hier bestimmen die unterschiedlichen Hintergrundgeschichten Art und Ausmaß der Konflikte und damit verbunden die unmittelbaren Belastungen im täglichen Leben. Oft folgen Machtkämpfe und Konflikte eskalieren.

Ist von einer Seite oder von beiden Seiten keine Bereitschaft zur gütlichen Regelung vorhanden, ist die strittige Scheidung unvermeidbar. Ein langer, dornenvoller, zeitaufwendiger und kostspieliger Weg beginnt, der Gewinner und Verlierer zurücklässt. Wobei jedoch nur die Anwälte als die wahren Gewinner aus diesem Kampf aussteigen – „Wenn zwei streiten, freut sich der Dritte“.

Die größten Verlierer sind dabei immer die Kinder.

Die Gerichte und Richter sind überlastet. Zwischen den Verhandlungsterminen vergeht viel Zeit. Über einen langen Zeitraum hinweg ist dann die konfliktgeladene Atmosphäre zu Hause für alle Beteiligten und die Familie sehr belastend.

Unter dieser Situation leidet ganz besonders das Kind.

Es lebt mitten im Hochspannungsfeld der Eltern und weiß oft nicht genau, worum es eigentlich geht. Zwischen Mutter und Vater hin- und hergerissen, fühlt es sich mit seinen Problemen alleine gelassen und ist zutiefst verunsichert. Es sehnt sich danach, dass sich die Wogen wieder glätten, sich die Eltern wieder vertragen und wieder Ruhe in den Familienalltag einkehrt.

Wenn die Hoffnung auf eine Versöhnung der Eltern schwindet, ist das Kind eher bereit, auf das Zusammenleben mit beiden Eltern zu verzichten, als die vergiftete Atmosphäre des Streits, den „kalten Krieg“ und die damit verbundene Gewalt länger zu ertragen.

Da sind sich alle Kinder einig: Streit ist das Ärgste.

Die einvernehmliche Scheidung ist der gütliche Weg zur Trennung

Sind beide Partner entschlossen, getrennte Weg zu gehen und wollen sie ihre Scheidung/ ihre Trennung friedlich über die Bühne gehen lassen, ist ein guter Anfang gemacht. Dennoch empfiehlt es sich, vor dem Gang zum Scheidungsrichter gute Vorarbeit zu leisten, was bedeutet, Professionisten zu Rate zu ziehen.

Rechtsauskünfte einholen

Hier können im Vorfeld wichtige Anliegen geklärt und besprochen werden. Dies ist bei Anwälten, aber auch direkt bei Gericht möglich.

Zentrale Punkte bei jeder Trennung oder Scheidung sind die **Frage der Obsorge** der gemeinsamen Kinder und natürlich die **Unterhaltsansprüche**. Bei der einvernehmlichen Scheidung einer ehelichen Lebensgemeinschaft ist die Obsorge beider Eltern (ObE) seit 2001 in der österreichischen Rechtsprechung der Regelfall. Bei Paaren, die nicht verheiratet waren, muss im Falle einer Trennung das Sorgerecht für beide Eltern extra beantragt werden. Der Regelfall ist hier die alleinige Obsorge der Mutter.

Ähnlich die Situation in **Deutschland** – auch hier gilt im Fall einer Scheidung die automatische gemeinsame Obsorge. Bei unverheirateten Paaren steht das Sorgerecht grundsätzlich der Mutter zu, Paare können aber – auch schon vor der Geburt des Kindes – gemeinsam gegenüber dem Jugendamt in einer öffentlichen Urkunde erklären, dass sie die elterliche Sorge gemeinsam ausüben wollen (Sorgerechtserklärung).

In der Praxis stellt die **gemeinsame Obsorge** eine große Herausforderung dar, denn jeder Elternteil ist allein für sein Kind vertretungsbefugt. Die wichtigste Voraussetzung dafür ist eine konstruktive Kommunikationsbasis der Eltern, wenn es um das Kind geht. Die große Chance ist, dass beide Elternteile **gleichberechtigt** sind und ihren Erziehungsauftrag in der gleichen Weise wahrnehmen können. Ebenso ist der psychologische (Neben-)Effekt der Obsorge beider Eltern nicht zu unterschätzen: Wer mit einbezogen ist, ist eher motiviert, seine Verantwortung als Elternteil wahrzunehmen, als jemand, der ausgeschlossen wurde und dessen Rechte eingeschränkt wurden.

In jedem Fall ist der Fokus der Erwachsenen einzig und allein auf das Wohlergehen des Kindes zu richten und danach auch zu handeln.

Trennungs- und Scheidungsbegleitung

Das bedeutet in erster Linie eine professionelle Beratung und Unterstützung für Eltern zur Orientierung.

Familien-Coaching

Eine Auswahl an professionellen Teams, die diese Möglichkeiten anbieten, finden Sie im Anhang.

Therapeutische Hilfe

Sind gravierende in der Persönlichkeitsstruktur verwurzelte Probleme aufgetaucht oder sind Verletzungen nicht mehr mithilfe des Freundeskreises oder der Familie zu bewältigen, ist jetzt der richtige Zeitpunkt, um professionelle Hilfe in Anspruch zu nehmen.

„Der allparteiliche Dritte“: Die Mediation

Gibt es in wichtigen Punkten Meinungsverschiedenheiten, jedoch ist die Bereitschaft beider Partner gegeben, konstruktive Lösungen anzustreben, ist die Mediation der beste Weg, zu guten Ergebnissen zu kommen, die für alle zufriedenstellend sind.

In einem geschützten Rahmen, unter professioneller Anleitung und mit einem wertschät-

LINK-TIPP

Österreichischer Bundesverband für Mediation: www.oebm.at

Deutscher Bundesverband für Mediation: www.bmev.de

zenden Kommunikationsstil entsteht eine Atmosphäre des Vertrauens, in der

- Konflikte beigelegt,
- Themen sichtbar gemacht,
- Bedürfnisse erkannt,
- Optionen entwickelt,
- Lösungen gefunden und verwirklicht werden können.

Zentrale Themen der Mediation können beispielsweise der Wohnort der Kinder, die Besuchsregelung und der Unterhalt sein.

Erfreulicher Nebeneffekt: Mediation ist kosten- und zeitsparend und kann Fristen bei Gericht aussetzen. Die Mediationsvereinbarung, in der die Ergebnisse der Sitzungen festgehalten sind, bildet die Basis für ein effizientes und rasches Scheidungsverfahren bei Gericht.

Im Übrigen ist es sinnvoll, in das Scheidungsurteil einen Passus aufzunehmen, der besagt, dass Vereinbarungen neu ausgehandelt werden sollen, wenn sich Bedingungen ändern, wenn zum Beispiel die Besuchsregelung nicht mehr zu den Bedürfnissen des Kindes passt, bei Job- und/oder Wohnungswechsel, bei veränderten Einkommensverhältnissen etc.

Dieser **Passus** könnte so formuliert werden: Im Falle, dass sich wichtige Änderungen ergeben, möchten wir über diese neu verhandeln.

Die kooperative Rechtspraxis

Ein Team von Juristen/Juristinnen, Therapeuten/Therapeutinnen und Coaches bietet ein „full service" bei Trennungen/Scheidungen (www.collaborativelaw.eu).

Es gibt also **eine Fülle von Angeboten** an professioneller Hilfe, die Sie unterstützen, ein neues Leben in veränderter Familienstruktur zu beginnen.

„Jedes Ende birgt einen neuen Anfang in sich"

Laotse

Wie sagen wir es unserem Kind?

Die Eltern haben sich entschlossen, in Zukunft getrennte Wege zu gehen. Bevor aber ein Elternteil aus der gemeinsamen Wohnung auszieht, muss das Kind über die neuen, geänderten Lebensumstände informiert werden. Ein Schritt, der für die Eltern nicht einfach ist und der beim Kind unterschiedlichste Reaktionen auslösen kann.

Die Frage „Wie sagen wir es unserem Kind?" lässt sich nicht allgemein beantworten. Im Folgenden finden Sie jedoch Hinweise, welche Aussagen/Sätze/Anschuldigungen Sie vermeiden sollten (Gegenwind) bzw. Tipps und Empfehlungen, wie Sie sich auf dieses Gespräch bestmöglich vorbereiten können (Rückenwind).

Gegenwind ☹

- Während der Vater die Koffer packt, erklärt die Mutter dem Kind: „Papa hat uns nicht mehr lieb und verlässt uns jetzt wegen einer anderen Frau."
- „Wir haben so viel gestritten, deshalb trennen wir uns jetzt."
  (*Diese Aussage kann zur Folge haben, dass das Kind in Zukunft jedem Streit mit seinem Freund aus Angst, diesen auch verlieren zu können, aus dem Weg geht.*)
- „Mit diesem unmöglichen Menschen kann ja niemand auskommen, besser, er geht und lässt uns in Ruhe."
- „Deine Mutter ist ja total übergeschnappt, sie verlässt uns jetzt wegen solch eines Kerls. Ich habe immer schon gewusst, dass sie verrückt ist!"

- „Dein Vater arbeitet jetzt im Ausland und wird dich hin und wieder besuchen kommen, wenn er bei Oma übernachtet."
- „Ich habe vor zwei Wochen die Frau meines Lebens kennengelernt und werde euch daher verlassen; ehrlich gesagt, hat mir immer schon etwas gefehlt hier."
- „Diese ewige Streiterei unter euch Kindern halte ich nicht mehr aus, mir reicht's, ich ziehe aus!"
- „Dein Vater macht ohnehin immer, was er will, jetzt ist es genug, ich schaffe es auch ohne ihn."

Rückenwind ☺

Klären Sie mit Ihrem Partner vor dem Gespräch mit Ihrem Kind folgende Punkte ab:

- Wer zieht aus der Familienwohnung aus?
- Bis wann ist der Auszug abgeschlossen?
- Wo und bei wem wird Ihr Kind wohnen? Stellen Sie sicher, dass es genug Platz für Ihr Kind in der neuen Wohnung gibt.
- Wann, wie oft und wie lange hält sich das Kind bei dem Elternteil auf, der nicht mehr beim Kind lebt?

Wenn dies erledigt ist, informieren Sie Ihr Kind über den gemeinsamen Entschluss und über die sich dadurch veränderte Lebenssituation.

Wichtig: Bereiten Sie sich auf das Gespräch mit Ihrem Kind gut vor. Wählen Sie einen geeigneten Zeitpunkt, in dem Ihr Kind in einer guten und entspannten Verfassung ist – und auch Sie sich als Eltern in einer stabilen Verfassung befinden. Nach Möglichkeit sollten in der Schule keine Tests und Schularbeiten unmittelbar bevorstehen. Warten Sie z. B. das heiß ersehnte Wochenende bei einem Freund/einer Freundin ab oder die Teilnahme an einer sportlichen Veranstaltung, auf die sich Ihr Kind schon lange gefreut hat.

- Wählen Sie einen neutralen Ort, wenn Ihre Kinder älter als 10 Jahre sind.
- Nehmen Sie sich ausreichend Zeit.
- Informieren Sie Ihr Kind gemeinsam.
- Erklären Sie Ihre Entscheidung kindgerecht/mit einfachen Worten, dem Alter Ihres Kindes entsprechend.
- Seien Sie ehrlich, offen und fair.

Rückenwind ☺ für Ihr Kind sind etwa Sätze wie diese:

- Wir haben beschlossen, uns zu trennen.
- Wir wollen und können nicht mehr miteinander leben.
- Es gibt zu viele Meinungsverschiedenheiten.
- Wenn wir streiten, können wir uns nicht mehr versöhnen.
- Wir haben uns auseinanderentwickelt.
- Wir haben einander nicht mehr lieb, das passiert manchmal unter Erwachsenen. Aber die Liebe zwischen Mutter und Kind, die Liebe zwischen Vater und Kind ist etwas ganz anderes, die dauert ein Leben lang.
- Es tut uns leid, dass alles so gekommen ist, und wir dir das antun, aber wir sind überzeugt, es ist für uns alle besser so.
- Es ist eine Sache zwischen Mama und Papa, du kannst nichts dafür. Du bist nicht schuld, niemand ist schuld.
- Wir, deine Eltern, sind für unser Scheitern verantwortlich.
- Wir gehen als Paar auseinander, aber wir bleiben deine Eltern und werden alles tun, damit es dir gut geht und du dich wohlfühlst.

- Wir werden für dich da sein, wann immer du uns brauchst.
- Papa (Mama) zieht aus, aber du wirst oft bei Papa (Mama) sein können und bei ihm (ihr) ein zweites Zuhause haben.
- Dein Leben wird in Zukunft so aussehen:

(Platz für individuelle Regelung der Zeiten mit dem Elternteil, bei dem das Kind nicht lebt.)

Das probieren wir jetzt eine Zeitlang aus, und wenn es für uns alle passt, machen wir weiter so. Wenn sich herausstellt, dass dies für uns, insbesondere für dich, nicht gut ist, werden wir gemeinsam überlegen, wie es anders besser gehen kann.

Das alles ist für dich jetzt sehr schmerzhaft, doch mit der Zeit wirst du auch einige Vorteile in deinem neuen Leben finden. Manches wird es für dich doppelt geben, z. B. Geburtstagsfeste und Weihnachten, Ausflüge und Urlaube.

Auch für uns ist diese Umstellung nicht leicht, aber wir sind zuversichtlich, dass wir es gemeinsam gut schaffen werden.

Fahrplan für die erste Zeit nach der Trennung

Klären Sie ab, was als Nächstes zu tun ist: erstens, was das noch gemeinsame Leben betrifft, zweitens, wie Sie die Übergangsphase gestalten, damit sie möglichst konfliktarm abläuft.

Sie besprechen gemeinsam,

- wer wen über die geänderten Lebensumstände informiert: Familie, Verwandte, Freunde, Arbeitgeber, Lehrer/in, Kindergärtner/in und andere Personen, die Bescheid wissen sollten
- ob und wenn ja, welche professionelle Hilfe in Anspruch genommen wird (Mediation, Trennungsbegleitung ...)
- wer die gemeinsamen Termine bei Mediatoren, Therapeuten, Beratern ... vereinbart

  Sehr wichtig ist es, einen **Zeitplan** zu erstellen. Dabei wird von den Eltern festgelegt und besprochen, wann wer Zeit für das Kind hat und wann berufliche Verpflichtungen im Vordergrund stehen. Das geschieht vorerst für ein, zwei Wochen oder einen Monat „zur Probe". Es werden fixe Zeiten vereinbart, wann das Kind von dem Elternteil, der ausgezogen ist, abgeholt wird und wie lange es bei diesem bleibt.

- Wenn das Kind zwischen beiden Elternteilen pendelt, muss die Dauer des jeweiligen Aufenthalts festgelegt werden.
- Kindern ab 6 Jahren soll auch die Gelegenheit geben werden, ihre Wünsche diesbezüglich äußern zu dürfen. Diese Wünsche sollten unbedingt ernst genommen werden, auch wenn sie im Moment nicht erfüllbar sind.

- Kinder ab 10 Jahren können bei der Planung „wann bin ich wo“ schon mit einbezogen werden. Die endgültige Entscheidung über die Zeitaufteilung liegt aber bei den Eltern.
- Jugendliche ab 14 Jahren können selbst entscheiden, ob sie bei Mutter oder Vater wohnen wollen und wie viel Zeit sie mit dem anderen Elternteil verbringen möchten.
- Das Kind soll über gemeinsame Unternehmungen informiert werden bzw. es soll auch altersgemäß an der Planung teilnehmen dürfen.
- Das Kind soll in möglichst vielen Bereichen des täglichen Lebens mit einbezogen werden. Das heißt, dass man gemeinsam einkaufen geht und Besorgungen erledigt oder auch (gemeinsam mit dem Kind) das Lieblingsessen kocht.
- Die gewohnte Alltagsroutine beizubehalten, ist besonders wichtig bei kleinen Kindern.

- Alle Aktivitäten, die das Kind stärken, wie Sport, Musik, Hobbys etc., sollen ganz bewusst unterstützt werden.
- Unbedingt den Kontakt zum „Ex-Partner" halten. Treten Meinungsverschiedenheiten auf, ist der Rückzug auf die schriftliche Nachrichtenübermittlung, vorzugsweise per E-Mail (Brief), zu empfehlen. SMS eignen sich nicht so gut, denn durch diese lapidare Art der Kommunikation kann es leicht zu Missverständnissen kommen! Beim Verfassen von längeren Texten (E-Mail/Briefe) gelingt es besser, sachlich und fair zu bleiben.
- Flexibel reagieren auf veränderte Lebensbedingungen und konstruktiv handeln.
- Aufmerksam sein, das Kind immer wieder fragen, wie es ihm geht, es ermuntern, zu sagen, was es stört, was es gerne anders hätte, ob es mit der neuen Situation klarkommt.
- Freunde und liebe Bekannte treffen, die einem in der schwierigen Zeit den Rücken stärken.
- Eine Auszeit nehmen, auch wenn diese noch so kurz ausfällt, um neue Kraft und Energie zu tanken.
- Geduld mit sich selbst, mit dem Kind und mit dem Ex-Partner haben.

***Zeigen Sie auch weiterhin Ihre Freude am Kind,
Sie bekommen dies mehrfach zurück.***

Was ein Kind bewegt: Die Hochschaubahn der Gefühle

Eine ganze Welt bricht zusammen, wenn die Familie, der bislang sicherste Ort, wie ein Kartenhaus zusammenfällt. Wenn ein Kind erfährt, dass seine Eltern auseinandergehen, sind seine Reaktionen von vielen Faktoren abhängig, wie z. B.:

- von der Vorgeschichte
- vom Alter des Kindes
- vom Informationsstand
- vom Charakter und Wesen des Kindes
- von den Ressourcen im Umfeld des Kindes

Vorgeschichte

Erlebt ein Kind über einen langen Zeitraum Streit und „dicke Luft“ zu Hause, ist es wahrscheinlich erleichtert, dass endlich eine Entscheidung gefallen ist und Ruhe einkehrt.

Wird die Familie durch das Weggehen eines Elternteils total überrumpelt, wird auch das Kind einen Schock erleben, sich selbst verlassen fühlen und möglicherweise sehr lange Zeit brauchen, um wieder Vertrauen fassen zu können.

Kinder, die den langsamen Zerfall der Ehe oder Partnerschaft ihrer Eltern miterleben, setzen nicht selten Aktionen, um das endgültige Scheitern zu verhindern. Sie sind dann oft vielleicht enttäuscht, dass ihre Versuche, die Beziehung der Eltern zu kitten, nicht erfolgreich waren und geben sich selbst die Schuld am Zusammenbruch der Familie.

Alter des Kindes

Kleine Kinder, damit sind die Kinder gemeint, die jünger als 6 Jahre alt sind, haben große Sensoren für Stimmungen, Atmosphäre und Klima innerhalb der Familie. Sie spüren die Spannungen der Eltern, noch bevor diese sie äußern. Sie reagieren mit unruhigem Verhalten, sind trotzig, weinerlich, mit nichts zufrieden oder „aufgedreht". Bauchschmerzen und Fieber sind häufig zu beobachtende Symptome.

Je jünger ein Kind ist, desto eher wird es existenzielle Ängste entwickeln. Dies kann zur Folge haben, dass es in seiner Entwicklung zurückfällt, z. B. wieder Windeln braucht, einnässt, „Babysprache" spricht, verstärkt Angst im Dunkeln hat, schlecht träumt oder nur bei Mama im Bett einschläft. Möglicherweise schreit das Kind, wenn die Mutter nur zur Toilette gehen will oder klammert sich an die Mutter fest, wenn diese nur kurz zum Einkaufen gehen möchte, obwohl die Großmutter zum Aufpassen da ist.

Dahinter steckt die Angst, auch den anderen Elternteil zu verlieren.

TIPP

Gehen Sie mit viel Geduld mit diesen Ängsten um und behandeln Sie Ihr Kind möglichst liebevoll. Sie geben Ihrem Kind dadurch langsam wieder Sicherheit.

Informationsstand

Es gibt Eltern, die ihrem Kind nur sehr knappe und ungenaue Informationen über **die Gründe ihrer Trennung** geben. Sei es, weil sie ihr Kind schonen wollen oder sie meinen, das Kind verstehe die Ursachen sowieso nicht. Oder aber weil sie glauben, das Kind gehe es sowieso nichts an, was auf der Erwachsenen-Ebene passiert.

Dies führt oft zu Missverständnissen.

Das Kind fühlt sich verlassen, bezieht die Trennung auf sich und glaubt, wäre es brav gewesen, hätte es dies oder jenes getan oder nicht getan (z. B. die Hausaufgaben pünktlich gemacht, nicht mit dem kleinen Bruder gestritten ...), wäre das alles nicht passiert.

Das Kind entwickelt Schuldgefühle.

TIPP

Entlasten Sie Ihr Kind, indem Sie ihm erklären, dass nur Sie selbst für Ihr Scheitern die Verantwortung tragen. Gehen Sie geduldig auf die Fragen Ihres Kindes ein, antworten Sie ehrlich und trennen Sie genau, was auf die Ex-Paar-Ebene und was auf die Eltern-Kind-Ebene gehört.

Eine Flut von Informationen irritiert Ihr Kind im selben Ausmaß wie eine lapidare Information.

Nicht selten gerät ein Kind in einen **Loyalitätskonflikt**, es ist hin- und hergerissen, sein Herz ist gewissermaßen zweigeteilt, denn es möchte beide Eltern lieb haben dürfen.

Erlebt das Kind, dass seine Eltern jetzt Feinde geworden sind, sich gegenseitig schlechtmachen, ist es sehr verwirrt, fühlt sich in seinem Inneren zerrissen und weiß nicht, wie es sich verhalten soll.

Charakter/Wesen des Kindes

Ängstliche, sensible Naturen werden anders auf die Trennung der Eltern reagieren als ein Kind, das von Natur aus mit einem ausgeglichenen und starken Charakter gesegnet ist.

Dabei ist zu beachten, dass sich die Gefühle, Nöte und die Lebenseinstellung der Eltern exakt im Verhalten des Kindes widerspiegeln, was sein eigenes Charakterbild verfälschen kann.

Ressourcen im Umfeld des Kindes

Ärger, Wut, Enttäuschung und Trauer sind natürliche Gefühle, die ein Kind bewegen. Kinder brauchen in dieser Zeit verständnisvolle Menschen in ihrer Umgebung, die sie auffangen, die sie ermutigen, ihre Gefühle zu äußern und ihre Ängste und Sorgen mitzuteilen.

Dies geschieht am besten bei Familienmitgliedern im weiteren Umkreis, denen das Kind vertraut, z. B. Großeltern, Tanten, Onkeln.

Voraussetzung dafür ist allerdings, dass sich die/der Verwandte tunlichst **aus dem Konflikt der Eltern heraushält** und dem Kind das gibt, was es in dieser Situation braucht: Zuwendung und Rückenstärkung.

Eine wichtige Rolle spielen in Krisenzeiten natürlich die Freunde des Kindes, manchmal auch die Eltern der Freunde oder Freunde der eigenen Eltern.

Kindergärtner/-innen und Lehrer/-innen können auch Vertrauenspersonen in dieser schwierigen Zeit sein.

Oft ist auch professionelle Hilfe nötig, auf jeden Fall dann, wenn man auf Ressourcen im Familien- und Freundeskreis nicht zurückgreifen kann.

Dies entlastet Mutter und Vater, die mit der Neuorientierung ihres eigenen Lebens meistens mehr als genug zu tun haben.

Wie kann das Kind auf massive Veränderungen reagieren?

Vorherrschender Ansicht zufolge reagieren Buben eher aggressiv und Mädchen eher introvertiert. Die Erfahrung zeigt jedoch, dass es auch umgekehrt sein kann. Rückschritte in der Entwicklung sind häufig zu beobachten: Das Kind spricht plötzlich wieder „Babysprache“, nässt ein, hat Angst im Dunkeln, hat Albträume und kann nur noch bei Mama im Bett (ein)schlafen. Es klammert und hat Angst, Mama könne etwas passieren. Das Kind möchte auch nicht mehr in den Kindergarten gehen, weil es befürchtet, nicht abgeholt zu werden.

Bedenken Sie stets: Auch ein Kind fühlt sich verlassen.

Selbst, wenn es erkennt, dass die Eltern sich nicht mehr vertragen können, versteht es nicht, warum einer – zumeist ist es der Vater – ausziehen muss. Die Frage „Könnte Papa nicht bei mir im Kinderzimmer wohnen?" ist aus der Sicht des Kindes durchaus berechtigt.

Ein Absacken der schulischen Leistung bis zur Schulverweigerung ist ebenso möglich wie ein übersteigerter Ehrgeiz, wenn nämlich ein Kind insgeheim denkt: „Ich möchte so rasch wie möglich groß und unabhängig werden, um aus dieser ‚Hölle' auszusteigen".

Kinder können enorme Kräfte mobilisieren, um Schwierigkeiten in ihrem Leben zu meistern.

Zeigt ein Kind **keine Reaktion** auf die Trennung der Eltern, sollten in jedem Fall „die Alarmglocken läuten". Reagiert ein Kind gar nicht, wenn Papa die Koffer packt und auszieht, ist (professionelle) Hilfe dringend nötig.

Das Kind taucht in ein Wechselbad seiner Gefühle und wird in dieser schwierigen Zeit sehr oft mit seinen Problemen alleine gelassen.

Eine Scheidung zieht weite Kreise, auch die Großeltern und entfernte Verwandte sind mit den Auswirkungen betroffen und fühlen sich verunsichert. Noch immer gibt es Eltern, die glauben, ihre Kinder stecken innerhalb kürzester Zeit alle massiven Veränderungen gut weg, akzeptieren im Nu neue Partner und werden mit ihren Problemen schon alleine fertig.

Dem ist nicht so.

In dieser schwierigen Zeit brauchen alle Kinder ganz besonders viel Aufmerksamkeit und liebevolle Zuwendung. Gerade in einer Zeit, in der das Kind besonders viel Liebe und Einfühlungsvermögen braucht, sind die Eltern selbst extrem belastet und wünschen sich ihrerseits „pflegeleichte" Kinder.

Eine paradoxe Situation!

Ein Spagat, der nur mit der Hilfe von verständnisvollen Verwandten, Freunden gelingen kann, und manchmal ist professionelle Hilfe nötig.

Die Neuorientierung des Lebens ist ein Prozess, der allen Beteiligten viel Kraft und Geduld abverlangt und der vor allem Zeit braucht.

Wie geht das Leben weiter?

Wenn ein Kind erfährt, dass seine Eltern auseinandergehen werden, stellt es sich und an seine unmittelbare Umgebung **eine Fülle von Fragen**.

- „Wo werde ich wohnen?“
- „Wo bin ich zu Hause?“
- „Wer sorgt für mich?“
- „Wann darf ich Papa sehen, wenn er nicht mehr bei uns wohnt?“
- „Darf ich Oma und Opa besuchen?“
- „Was ist mit Kindergarten/Schule?“
- „Bleibe ich in der Nähe meiner Freunde?“

Seien Sie als Eltern darauf vorbereitet und nehmen Sie sich genug Zeit, gemeinsam mit Ihrem Kind diese Fragen zu erörtern.

Ist ein **Kindergarten- oder Schulwechsel** nötig, „überfallen“ Sie Ihr Kind nicht damit, sondern bereiten Sie diesen gut vor. Holen Sie Informationen im Vorfeld ein und binden Sie Ihr Kind mit ein. Die Entscheidung treffen Sie – aber stets unter Bedachtnahme auf die Bedürfnisse Ihres Kindes.

Vor allem Kinder **im Vorschulalter** werden in der Regel bei der Mutter in der gewohnten Umgebung bleiben und vom Vater an bestimmten Tagen zu sich geholt werden. Der Zeitraum zwischen den Kontakten zum Besuchselternteil sollte nicht zu lange sein. Wissenschaftlich erwiesen ist: Je jünger das Kind, desto sinnvoller sind häufigere, aber kürzere Besuchskontakte. Das heißt, Säuglinge und Kleinkinder bis 2 Jahre sollten ihren Vater mehrmals wöchentlich für 2 bis 3 Stunden sehen. Mit 3 bis 6 Jahren „genügen" 1 bis 2 Treffen pro Woche, die jedoch auch länger dauern können.

Für Kinder ab 7 Jahren gilt als Mindestrichtlinie: jede 2. Woche, dafür einen ganzen Tag oder über ein ganzes Wochenende, und zwischendurch ein Nachmittag unter der Woche.

Anfangs ist ein Übernachten beim Vater in der noch fremden Umgebung eventuell angsteinflößend und daher nicht möglich, später wird es dann zur Selbstverständlichkeit.

Je behutsamer und geduldiger die Eltern mit dieser neuen Lebenssituation des Kindes umgehen, desto besser und schneller gewöhnt sich das Kind an die neuen Gegebenheiten.

Die erwähnten Regelungen **sind als Richtlinien** zu verstehen. Probieren Sie einfach aus, was für Ihre Familie passt.

Auch wenn das Kind nur zum Wochenende beim Vater ist, braucht es unbedingt **einen eigenen Bereich**, eine gemütliche Ecke bei Papa, am besten natürlich ein eigenes Zimmer, wo es neben kindgerechten Einrichtungsgegenständen auch Platz für Spielsachen, Plüschtiere, Kleidung etc. hat. Wird das Kind in die Gestaltung seines „zweiten Reiches" mit eingebunden, wird es sich mit seinen Bedürfnissen und Wünschen ernst genommen fühlen. Zum Beispiel ist die Anschaffung eines Haustiers im „neuen Zuhause" natürlich etwas ganz Besonderes, muss aber gut überlegt sein. So fühlt sich das Kind auch beim „Besuchselternteil" schnell zu Hause.

TIPP

LEGEN SIE GEMEINSAM MIT IHREM KIND EINEN KALENDER AN

Bei Kindern ab 7 Jahren hat sich ein Jahresplaner, in dem die Tage bei Mama und die bei Papa in verschiedenen Farben gekennzeichnet sind, bestens bewährt. Diesen Kalender können Sie mit Fotos und/oder Zeichnungen kreativ und originell gestalten. Die „Mama-Tage" werden z. B. rot, die „Papa-Tage" blau gefärbt. Anfangs genügt eine Kennzeichnung für ein, zwei Monate, denn vielleicht ergeben sich ja bald Änderungen. Suchen Sie gemeinsam mit Ihrem Kind einen geeigneten und gut einsehbaren Platz (im Kinderzimmer, im Wohnzimmer oder in der Küche) für den Jahresplaner.

Die Aussage: *„Noch einmal/zweimal schlafen und dann holt dich Papa ab/dann kommt Papa dich besuchen ..."* ***ist für jüngere Kinder gut vorstellbar und gibt ihnen Anlass zur Vorfreude.***

Der Besuchstag und die „Übergabe“

Das Kind als Pendler zwischen Mamas und Papas Welt

Der Wechsel von Mama zu Papa (und umgekehrt) ist ein hochsensibles Unternehmen. Sich von Mama zu verabschieden und Papa zu begrüßen, verdeutlicht dem Kind: Ich kann immer nur einen der beiden haben, ich muss immer auf einen verzichten.

Zum überwiegenden Teil sind es die Väter, die ihre Kinder „besuchen“, d. h. von der Mutter abholen und zu sich nach Hause nehmen. Üblicherweise ist dies jedes zweite Wochenende und zwischendurch ein Nachmittag unter der Woche der Fall.

In den wenigen Minuten, in denen der Vater sein Kind zum Besuchswochenende abholt oder wieder nach Hause zurückbringt, wird dem Kind die Trennung der Eltern **am schmerzlichsten bewusst** und das Gefühl der Zerrissenheit und der damit verbundene Leidensdruck werden oft übermächtig.

Hier einige Beispiele, die ich aus meiner Praxis als Gruppenleiterin kenne, wie es einem Kind bei der „Übergabe“ gehen bzw. wie es reagieren kann:

- Beim Abholen weint das Kind und will bei seiner Mama bleiben, Papa wird energisch, setzt das schreiende Kind ins Auto und fährt ab. Die Mutter ist erst dann erleichtert, wenn vom Vater kurze Zeit später telefonisch „Entwarnung“ kommt: Das Kind hat sich bereits beruhigt und beide tauschen gerade fröhlich die Erlebnisse der letzten Woche aus.

- Der 7-jährige Sohn erklärt, er könne Mama nicht alleine lassen, es könne ihr etwas passieren. Die Eltern überlassen ihm die Entscheidung, er bleibt bei Mama. Kurze Zeit später erinnert er sich, dass Mama vor wenigen Tagen einmal meinte, sie freue sich auf das kommende Wochenende und die Zeit für sich. Er möchte nun doch zu Papa und ruft ihn an. Dieser ist aber schon unterwegs und es ist zu spät für ihn, umzukehren. Das Kind fühlt sich schlecht, denn es glaubt, es habe Mama ihr freies Wochenende „versaut".
- Als Papa das Kind nach Hause zu Mama zurückbringt, will es sich von Papa nicht verabschieden, saust an Mama in der Wohnungstür vorbei direkt ins Kinderzimmer, knallt die Tür hinter sich zu, wirft sich auf das Bett und weint hemmungslos. „Warum kann Papa nicht bei mir im Kinderzimmer wohnen, wenn ihr euch nicht mehr vertragen könnt?" Papa ist ratlos: Er denkt, es wäre vielleicht besser, seinen Sohn gar nicht mehr abzuholen, um ihm diesen großen Kummer zu ersparen.

Mit Empathie das Kind auffangen

Trösten Sie Ihr Kind in dieser Situation, nehmen Sie es in die Arme und lassen Sie den Gefühlsausbruch zu, zeigen Sie Verständnis.

Ist Ihr Kind wieder ruhig, sprechen Sie mit ihm und lassen es sein Herz ausschütten. Das tut gut, schafft Nähe und Vertrauen, auch wenn Sie Ihrem Kind den Schmerz nicht abnehmen und ihm im Moment keine Lösung anbieten können. Will Ihr Kind nicht darüber sprechen, akzeptieren Sie dies und überlassen Sie ihm, wann es reden möchte.

Das Abholen und das Wieder-nach-Hause-Bringen erfordern von beiden Eltern eine **positive Grundhaltung zur Situation**. Der Besuchselternteil zeichnet sich durch Verlässlichkeit und Pünktlichkeit aus: Was vereinbart ist, soll auch pünktlich eingehalten werden.

Wenn einmal etwas dazwischenkommt, sagen Sie **rechtzeitig Bescheid**. Dies erspart Ihrem Kind unnötige Enttäuschungen.

Kooperationsbereitschaft ist dabei auch vom anderen Elternteil gefragt, ebenso eine positive Einstellung zur Besuchsregelung.

Gegenwind ☹

- Der Vater fährt vor der Haustür rechts ran, die Autotür geht auf, das Kind wartet schon auf dem Gehsteig. Es soll rasch einsteigen und nach einigen gemeinsam verbrachten Stunden lässt der Vater sein Kind an derselben Stelle wieder aussteigen. Er selbst bleibt im Auto sitzen.
- In der Wohnung der Mutter vor dem vereinbarten Zeitpunkt zum Abholen: Mutter sagt zum Kind: „Hoffentlich ist dein Vater diesmal pünktlich und verlässlich, ich möchte nämlich endlich auch einmal ein freies Wochenende haben ..." oder: „Sag deinem Vater, er könnte einmal mit dir zum Zahnarzt gehen, damit er sieht, wie du dich aufführen kannst!"
- „Mama ist oft nicht zu Hause, wenn Papa mich zurückbringt und behauptet dann, es wäre eine andere Zeit ausgemacht gewesen; ich glaub, sie macht das absichtlich, um Papa schlechtzumachen."
  (Zitat Silvia, 10 Jahre)
- Kurzfristige, fast überfallsartige Einforderung des Besuchsrechts: „Mein Tenniscamp ist abgesagt, daher hole ich morgen um 10 Uhr die Kinder ab!"
- Manchmal muss ein Kind die spärliche Zeit bei Papa mit dessen neuer Freundin teilen und kann andererseits eventuell auch die Freizeit mit Mama nur gemeinsam mit deren neuem Freund verbringen. Das Kind fühlt sich dann gewissermaßen wie ein fünftes Rad am Wagen und nicht wichtig genommen.
- Der Vater setzt seinem Kind keine Grenzen. „Die kurze Zeit, die ich mit meinem Kind verbringen darf, werde ich mir nicht mit Erziehungsarbeit verderben", ist ein oft gehörter Satz aus dem Mund von Vätern. Außerdem sei dafür die Mutter zuständig, die sich ja ohnehin so benehme, als wisse sie alles besser. Vaterzeit bedeutet dann, dass

das „reine“ Vergnügen absoluten Vorrang hat. Alles ist erlaubt, alles ist möglich, wie zum Beispiel Fernsehen bis in die Nacht, egal, was gerade läuft, Computerspiele, Playstation etc. Es gibt Geschenke und Versprechungen die nächsten Unternehmungen betreffend. Daher bleibt kein Platz für Erziehung und „lästige“ Alltagspflichten.

AUS ERFAHRUNG

In der Praxis sieht die Aufteilung der Aufgaben oft folgendermaßen aus: Die Mutter leistet neben ihrem Teilzeit- oder Vollzeitjob auch die „Knochenarbeit“ beim Kind, die Rolle des Vater beschränkt sich auf ein Unterhaltungsprogramm an jedem zweiten Wochenende.

Kehrt dann das Kind vom Höhenflug „Wochenende bei Papa“ heim, gibt es zumeist eine unsanfte Landung zu Hause bei Mama. Das Kind ist völlig durcheinander, aufmüpfig und außer Rand und Band und möchte sich am liebsten aller Pflichten entledigen. „Es dauert einige Tage, bis wieder halbwegs Ruhe in den Alltag eingekehrt ist, die fehlenden Hausaufgaben gemacht sind etc.“, hört man dann die Mütter klagen.

Auch Kindergärtner/-innen und Lehrer/-innen berichten Ähnliches, denn sie bemerken ganz deutlich, wenn am letzten Wochenende „Papa am Ruder“ war.

Eigentlich könnte eine Mutter dies als positives Feedback auffassen, denn das Kind wird sich dort so richtig austoben, wo es sich sicher fühlt: zu Hause bei Mama. Bei Papa ist das Kind „pflegeleicht“. Aus Angst, von Papa gar nicht mehr geholt zu werden und ihn ganz zu verlieren, wird sich das Kind „wohlfeil“ verhalten und keinesfalls „Stunk machen“.

Rückenwind ☺

Auch für den Besuchselternteil ist es wichtig, dem Verhalten des Kindes **Grenzen zu setzen**. So lernt das Kind, wie das „wirkliche" Leben bei Papa abläuft, was letztlich die Beziehung zu Vater und Kind intensiviert und Verbundenheit schafft. Die gemeinsame Zeit kann trotzdem unterhaltsam ablaufen. Angenehmer Nebeneffekt: Der Vater wird vom Kind nicht ausschließlich als Erfüllungsgehilfe materieller Wünsche, gewissermaßen als „Geldesel", betrachtet.

Es schafft Nähe, sich ins Alltagsleben des Kindes einzuklinken und gewisse Aufgaben zu übernehmen, wie zum Beispiel:

- Arztbesuche
- Taxidienste zu Fußballtraining, Musikunterricht, Ballett, Ferienlager, zu Freunden ...
- Nachfragen/Besprechungen in der Schule
- Kleidung und Schuhe einkaufen
- „Einspringen" und das Kind versorgen, wenn es krank ist

Die nötige Voraussetzung dafür ist **eine gute Kommunikationsbasis** mit dem getrennten Elternteil. Diese beginnt beim Vereinbaren der Besuchskontakte und findet eine Fortsetzung beim Austausch freundlicher Worte beim Abholen und Heimbringen des Kindes. Dies sind wichtige Signale für das Kind. Wird die „Übergabe" begleitet durch ein paar nette Worte wie: „Wie geht's?, Was gibt's Neues?, Ist etwas Besonderes zu beachten?, Gibt's etwas zu tun?" ... und ist dabei auch ein freundschaftlicher Blickkontakt möglich, ist sehr viel Positives erreicht. (**Tipp:** Bringen Sie das Kind zum anderen Elternteil, statt es von diesem abholen zu lassen.)

Das Kind erlebt, dass **die Eltern miteinander reden** können, Dinge vereinbaren können und wollen, und es fühlt sich wichtig und ernst genommen.

So kann Vertrauen wieder aufgebaut und erhalten werden.

Wanderjahre eines Kindes: Wo ist mein Platz?

Pendeln zwischen „Stammquartier und Besucherritze" oder „Doppeltes Heim – Glück allein?"

Ob ein Kind sich zwischen Stammquartier und Besucherritze zerrissen fühlt, ob es in der Wohnung des Besuchselternteils willkommen ist und einen Platz für sich oder sogar ein zweites Zuhause hat, hängt von vielen Faktoren ab.

Sind die Eltern in ihrem Konflikt, in ihrem Rosenkrieg verhaftet, vermischen sie fast immer die Ex-Partner-Ebene mit der Eltern-Kind-Ebene. Dann wird das Kind zur „Trophäe" – und nicht selten kommt es vor, dass die Mutter, bei der das Kind lebt, den Vater aus dem Alltagsleben des Kindes aussperrt.

Bei Streit um den Unterhalt kann es passieren, dass der Vater sein Kind nicht mehr holt, da er meint, ohnehin schon (zu) viel zu zahlen und seine Rolle als Vater bereits erfüllt zu haben.

Das Kind erlebt es als **Ausdruck von Wertschätzung**, wenn der Besuchselternteil ihm einen Platz bei sich einräumt und er dafür sorgt, dass sich sein Kind bei ihm wohlfühlt. Von entscheidender Bedeutung für das „heute hier, morgen dort" lebende Kind ist, wie die gemeinsame Zeit gestaltet wird, die der Vater/die Mutter mit dem Kind verbringt.

Ob Eltern ihrem Kind zwei Zuhause ermöglichen können, ist letztendlich auch eine finanzielle Frage. In jedem Fall ist es eine **organisatorische Herausforderung**, die es für alle Beteiligten zu meistern gilt.

Gegenwind ☹

- „Wenn ich bei Papa bin, muss ich in seinem Arbeitskammerl schlafen, da sind in der Nacht so komische Schatten und Geräusche. Das ist richtig unheimlich, und ich fürchte mich oft; dann verkrieche ich mich unter der Decke und wünsche mir, dass die Nacht schnell vorbeigeht."
  (Verena, 7 Jahre)

- „Bei Papa schlafe ich auf der Couch im Wohnzimmer, in der Früh muss ich alles ordentlich wegräumen, wenn ich etwas liegen lasse, schimpft seine Freundin sofort."
  (Niki, 9 Jahre)

- „Irgendwo bin ich immer im Weg: zu Hause, wenn Mamas Freund da ist, und bei Papa, denn da wohnt jetzt auch seine Freundin und ihre Tochter. So richtig wohl fühle ich mich nirgends. Noch dazu hat die Tochter von Papas Freundin meinen Papa viel öfters als ich. Das finde ich ungerecht."
  (Margit, 13 Jahre)

- „Papa schenkt mir 10 Euro, wenn ich am Abend vor dem Einschlafen nicht nach Mama weine. Ich fühl mich so allein, zu Hause schlafe ich neben Mama im großen Bett. Bei Papa geht das nicht, da ist ja seine neue Frau."
  (Peter, 5 Jahre)

- „Das Beste am Wochenende bei Papa ist, dass ich bei Oma und Opa sein kann, die haben Zeit zum Spielen und Oma kocht immer meine Lieblingsspeise."
  (Thomas, 10 Jahre)

- „Jetzt, wo die Mama einen Freund hat, schickt sie mich immer in mein Bett zurück, wenn ich schlecht geträumt habe und zu ihr ins Bett schlüpfen möchte. Da möchte ich am liebsten meine Sachen packen und zu Papa ziehen. Ich trau mich aber nicht, etwas zu sagen, sonst ist Mama böse auf mich."

(Anna, 6 Jahre)

- „Bei Papa bin ich gern, er erlaubt mir alles: Ich kann aufbleiben, so lange ich will, und ich habe in meinem Zimmer einen eigenen Fernsehapparat. Zu Hause bei Mama darf ich das alles nicht."

  (Paul, 8 Jahre)

- „Wenn ich das XY Handy von Mama nicht bekomme, dann sag ich es dem Papa, der kauft es mir sicher."

  (Vinzent, 12 Jahre)

All diese Aussagen sind Originalzitate von Kindern aus meiner Arbeit.

AUS ERFAHRUNG

Was können Sie also in so einer unbefriedigenden Situation tun?

Patentrezepte gibt es natürlich nicht, denn jede Familie hat unterschiedliche Möglichkeiten.

Halten Sie Augen und Ohren offen, beobachten Sie Ihr Kind. Fragen Sie es manchmal „Wie geht's dir eigentlich?" „Kann ich etwas für dich tun?". Seien Sie offen für das, was Sie dann aus dem Mund Ihres Kindes erfahren. Vielleicht bekommen Sie wertvolle Hinweise, denen Sie nachgehen können.

Nicht alle Wünsche sind erfüllbar, manchmal führen diese Hinweise jedoch zu neuen, außergewöhnlichen Lösungen.

Doppeltes Heim – Glück allein?

Einem Kind in Österreich will die aktuelle Gesetzgebung ein „Heim erster Ordnung" sichern. Eine gleichmäßige Aufteilung des Aufenthalts eines Kindes bei Mutter und Vater, **die „50:50-Regelung"**, ist vom Gesetz her (noch) nicht möglich. Es muss bei Gericht der hauptsächliche Wohnort eines Kindes bestimmt werden.

Privat können Sie natürlich freie Vereinbarungen treffen.

Die 50:50-Regelung (Die Doppelresidenz)

Das sogenannte Wechsel-/Wandelmodell, also die „50:50-Regelung", ist in einigen europäischen Ländern wie Deutschland (circa 17 Prozent der Eltern leben in Deutschland nach dem Wechselmodell), Belgien, England, Schweiz, Schweden und Frankreich sowie in den USA und in Australien **schon gesetzlich verankert** und wird dort auch in der Praxis bereits besser angenommen als bei uns in Österreich.

TIPP

In Österreich gibt es einen Arbeitskreis, der sich „Doppelresidenz" (www.doppelresidenz.at) nennt. Er hat sich zum Ziel gesetzt, dieser *Lebensform eine rechtliche Grundlage* ***zu verschaffen. Das Recht des Kindes, von beiden Eltern zu gleichen Teilen versorgt zu werden, ist das zentrale Anliegen dieses Projekts.***

Die „50:50-Regelung" bedeutet, dass das Kind gleich viel Zeit mit Vater und Mutter verbringt, mit regelmäßigen und gleichwertigen Kontakten zu beiden Elternteilen aufwächst, also zwei Zuhause hat.

Es gibt keine „Alltagsmama" und keinen „Wochenendpapa".

Beide Eltern sind in der Kindererziehung gleichberechtigt und treffen wichtige Entscheidungen gemeinsam. Rechtlich bedeutet dies natürlich, dass auch beide Eltern die Obsorge haben. Jeder Elternteil lebt die Mutter- bzw. Vaterrolle im täglichen Leben und die Unterhaltsansprüche können leichter geregelt werden. Kindererziehung ist dann im wahrsten und besten Sinn des Wortes „Teamwork".

Der **Vorteil** für das Kind: Es hat zwei Sicherheitsnetze, zwei Wohnsitze.

In der ersten Zeit wird es vielleicht nicht immer reibungslos ablaufen:

Kinder sind zwar von Natur aus sehr flexibel, trotzdem kann es passieren, dass dem Kind etwas fehlt, was sich gerade beim anderen Elternteil befindet. Dann empfiehlt sich ein „Notfallsrucksack", in dem die Lieblingssachen, z. B. das Lieblingsplüschtier, das es eben nur einmal gibt, Platz finden.

Hat sich die neue Lebensform eingespielt und hat das Kind sich an die neue Umgebung gewöhnt, klappt die „Doppelresidenz" meiner Erfahrung nach sehr gut.

Ein wöchentlicher Wechsel hat sich in der Praxis sehr gut bewährt, weil dann nicht zu lange Zeit vergeht, bis das Kind den anderen Elternteil wiedersieht. Dies haben mir die Kinder, die zwischen Mama und Papa hin- und herpendeln, bestätigt. Manchmal wird sogar die Woche zwischen Mutter-Haus und Vater-Haus aufgeteilt.

Die Voraussetzungen dafür sind:

- Die „Residenzen" sind in räumlicher Nähe; dies erleichtert nicht nur das Pendeln, sondern auch den Schul- und Kindergartenbesuch, und ist ganz besonders günstig für das soziale Umfeld, was z. B. die Kontakte zu Freunden betrifft oder das Ausüben von Sport und sonstigen Freizeitaktivitäten.
- Das Kind muss bereit sein, zwischen den Elternteilen zu pendeln und es muss mit dieser Lebensform nach der Eingewöhnungsphase gut zurechtkommen. Wichtig in dem Zusammenhang ist, **eine Probezeit auszumachen**, um dem Kind und sich selbst die Möglichkeit offenzulassen, dass, wenn es nicht zur Zufriedenheit aller klappt, eine andere Lösung gefunden wird.
- Die (berufliche) Flexibilität beider Eltern spielt ebenso eine wichtige Rolle. Außerdem

genügend Zeit und die finanziellen Mittel, sich große „Residenzen" leisten zu können.

- Eine gute Kommunikationsbasis: Beide Eltern können gut miteinander reden und Vereinbarungen treffen, die auch eingehalten werden.

Die Doppelresidenz ist nicht gerade die billigste und einfachste Lebensform. Diese Lebensform für das Kind einzurichten, erfordert einiges an Mut, nicht zuletzt auch deshalb, um der vorherrschenden Meinung entgegenzutreten, ein Kind dürfe nur ein Zuhause haben, um sich gut und gesund entwickeln zu können.

Für eine Familie kann die Doppelresidenz die beste aller möglichen Alternativen sein. Sie ist in jedem Fall einen Versuch wert.

Das Nestmodell

In diesem Zusammenhang soll auch das Nestmodell erwähnt werden.

Hier bleibt das Kind im selben Zuhause und die Eltern wechseln sich – zumeist wöchentlich oder etwas kurzfristiger – ab, um das Kind zu versorgen.

Der **Vorteil** für das Kind: Es bleibt in der gewohnten Umgebung, es ist kein Kindergarten- oder Schulwechsel nötig, nach außen hin bleibt alles, wie es ist.

Der **Nachteil:** Diese Alternative ist ziemlich kostspielig, da drei Wohnungen nötig sind, die in unmittelbarer Nähe zueinander liegen müssen/sollen.

Die Besuchsfamilie

Sind weder Nestmodell noch Doppelresidenz realisierbar, bleibt die Variante Besuchsfamilie. Die Besuchsfamilie ist derzeit die (noch) gängigste Variante.

Das Kind wohnt bei einem Elternteil und besucht den anderen an einzelnen Tagen oder Wochenenden etc. Dies vereinbaren die Eltern im Vorhinein unter Berücksichtigung der Bedürfnisse des Kindes und der eigenen Möglichkeiten.

Wie schon erwähnt, braucht das Kind beim Besuchselternteil einen eigenen Platz, einen Bereich, wo persönliche, vertraute Dinge aufbewahrt werden können, damit es sich wohlfühlen kann. Am besten ist natürlich ein eigenes Zimmer.

Die gemeinsame Zeit ist knapp, daher umso kostbarer. Ihre Gestaltung wird zum Indikator dafür, wie wichtig das Kind für den Elternteil ist. Die gemeinsamen Unternehmungen sollen kindgerecht sein, aber nicht nur auf die kindlichen Wünsche eingehen, sondern auch „pädagogischen Wert" haben, z. B. wenn ein Vater seinem Kind seine Wertvorstellungen vermittelt, ihm aus der eigenen Kindheit, von seinem Beruf oder über persönliche Vorlieben erzählt. Auch für gemeinsame Hobbys und Sport soll Zeit sein.

Stehen beide Eltern hinter dieser Regelung, wird sich auch das Kind in beiden Haushalten sehr bald wohlfühlen.

Die Familie – einst und jetzt

Die Familie im Wandel der Zeit

Das Wort Familie kommt vom lat. familia und bedeutet Hausgemeinschaft. Abgeleitet ist das Wort von *famulus* (der Haussklave). *Familia* meinte im Römischen Reich den Besitz eines Mannes: den gesamten Hausstand, seine Ehefrau, Kinder, Sklaven, Freigelassene und das Vieh.

Seit Jahrhunderten bezeichnete man als Familie das Zusammenleben von mindestens zwei Generationen.

Die **Großfamilie** kann als älteste und traditionsreichste Familienform gesehen werden. Die Familie ist sozialer Raum für Wachstum, Entwicklung und Geborgenheit. Sie bietet Schutz und Fürsorge für Kinder, aber auch für kranke und alte Familienmitglieder. Mehrere Generationen lebten dabei unter einem Dach. In Entsprechung zur patriarchalischen Gesellschaftsordnung gab es ein Familienoberhaupt und eine Rangordnung. Die Rollen waren genau definiert und galten als Garant für ein funktionierendes Familienleben.

In der bäuerlichen Großfamilie gehörten auch Mägde und Knechte zur Familie.

Tatsächlich war das Leben in einer Großfamilie im besten Fall friedlich, einander unterstützend und von Wohlwollen getragen: In Anlehnung an ein jüdisches Sprichwort heißt dies „große Familie – schnelle Hilfe".

Wurde jedoch die Autorität der Rollen durch egoistische Ansprüche missbraucht, herrschten Machtkämpfe, Unterdrückung und Widerstand.

Im Zuge der Industrialisierung ab der Mitte des 19. Jahrhunderts, im Biedermeier, wuchsen die Städte und die Familienstruktur wandelte sich. Die **bürgerliche Kleinfamilie** mit fixen Regeln wurde „geboren". Der Vater war Haupternährer, Oberhaupt und Familienvorstand, die Mutter, auch wenn sie einen Nebenerwerb hatte, war allein für die Haushaltsorganisation zuständig.

Etwa hundert Jahre später, nach dem Zweiten Weltkrieg, wurde die **Mutter-Vater-Kind-Idylle** sehr modern. (In den USA zumeist schon um ein technisches „Familienmitglied" erweitert: den Fernsehapparat.) Möglicherweise hat die Mutter-Vater-Kind-Idylle zum Teil auch etwas mit den Nachwirkungen der Schrecken der beiden Weltkriege zu tun und dem damit verbundenen Urbedürfnis der Menschen nach Sicherheit und einem Ort der Geborgenheit, wo Eltern und Kinder in Frieden und glücklich miteinander leben können. So bleibt die Personengruppe des Familiensystems überschaubar, denn die Zahl der möglichen Interaktionen und Konflikte steigt ja bekanntlich mit der Anzahl der unter einem Dach lebenden Menschen.

Familienformen von heute

Dieses „klassische" Familienmodell der Kernfamilie (Mutter-Vater-Kind), wie es im 19. und zum Teil noch weit ins 20. Jahrhundert gelebt worden ist, ist heute nicht mehr die Norm.

Heute bewirkt eine **hohe Scheidungsrate** das Zerbrechen der Mutter-Vater-Kind-Familie, neue Formen von Familie entstehen. Österreichweit wird jede zweite Ehe geschieden, in Wien beträgt die Scheidungsrate bereits 64 Prozent, wobei die Zahl der Auflösungen nicht ehelicher Lebensgemeinschaften gar nicht berücksichtigt wird. Und auch in Deutschland ist die Situation ähnlich. 190.000 Ehen wurden 2008 in Deutschland geschieden, Tendenz steigend.

Das heißt, eine sehr große Anzahl von ehelichen und nicht ehelichen Lebensgemeinschaften zerbricht und die Kinder sind massiv mit diesem Scheitern der elterlichen Beziehung konfrontiert.

Nach einer Trennung bleibt zunächst einmal, gewissermaßen als „Absplitterung", die **Ein - elternfamilie, Singlefamilie, Besuchsfamilie** zurück.

Diese wird von den Beteiligten selbst oft als Fragment und als etwas Unvollständiges erlebt.

Es gibt somit eine große Anzahl Alleinerziehender, das sind vorwiegend die Mütter, und – für Kinder mehr oder weniger präsente – Besuchselternteile, das sind zumeist die Väter. Wobei der Begriff alleinerziehend gelegentlich nicht ganz glücklich gewählt ist und manchmal auch nicht zutrifft. Darauf möchte ich später noch näher eingehen (Seite 68).

Bei der **Singlefamilie** lebt das Kind bei seiner Mutter oder bei seinem Vater. Letzteres ist viel seltener, kommt jedoch in jüngster Zeit vermehrt vor: Allerdings wird ein Vater, der sein Kind oder mehrere Kinder versorgt, gesellschaftlich immer noch wenig anerkannt. Es wird angezweifelt, dass ein Mann das überhaupt schaffen kann. Und nicht selten hört man, dass die Kinder, besonders in jungen Jahren, im Übrigen unbedingt bei der Mutter besser aufgehoben seien.

Oft werden diese (alleinerziehenden) Väter als Exoten behandelt, die zwar etwas Faszinierendes an sich haben, denen jedoch nicht wirklich zu trauen ist. Ein Mann, der Windeln wechselt, ein krankes Kind pflegt, einkauft, kocht, den Haushalt macht und daneben seiner Arbeit nachgeht, ist immer noch etwas sehr Außergewöhnliches.

Wenden wir uns nun wieder der üblichen Form der Singlefamilie zu, die für mehr als 90 Prozent der Ein-Eltern-Familie zutrifft. Wie ist diese Singlefamilie charakterisiert?

Das Kind lebt bei der Mutter und hat einen **Besuchselternteil**, den Vater. Schon allein das Wort *Besuch* zeigt eine gewisse Problematik auf, gegen die sich die Betroffenen, zumeist die Väter, zu Recht wehren: Besucher haben einen rechtlosen Status, Besucher kann man ablehnen und fernhalten. Besuche kann man abstellen, wenn sie einem nicht genehm sind. Die Leidtragenden sind dann in erster Linie die Kinder.

Mit dem Slogan: *Wir sind keine Besucher, wir sind Väter* starten Männerorganisationen eine Aufklärungskampagne (in Österreich), die zum Umdenken anregen soll. „Mann“ kämpft um mehr Rechte, möchte (mehr) Zeit mit seinem Kind verbringen dürfen, möchte eingebunden sein in den Alltag des Kindes, möchte ganz einfach seine Vaterrolle leben können.

Dies kann nur von Vorteil für die Kinder sein.

Die Brücke zum Begriff *alleinerziehend* ist geschlagen: Ein Vater, der zeitlich eingeschränkt, nur jedes zweite Wochenende mit seinem Kind verbringen darf, oder sogar nur an jedem zweiten Samstag einige Stunden, ist in den Alltag des Kindes nicht wirklich mit eingebunden. Er wird dann mit hoher Wahrscheinlichkeit den Unterhaltungspart übernehmen, seinem Kind „Highlife" bieten und sich sonst um wenig kümmern. Eingeschränkt und reduziert auf die „Geldschiene", sieht der Vater in der **Erfüllung der materiellen Wünsche** seines Kindes die einzige Möglichkeit, beim Kind zu „punkten".

Viele Väter sind mit dieser Situation unzufrieden und frustriert, sehen aber keine Möglichkeit, sie zu ändern. Sie erleben die Rechtslage als eher „mütterlastig".

Damit schließt sich ein Kreis: Der Erziehungsauftrag bleibt zum größten Teil an den Müttern hängen und der Begriff *alleinerziehend* ist tatsächlich zutreffend.

In der Praxis erleben alleinerziehende Mütter zwar eine Aufwertung ihrer Machtposition, fühlen sich jedoch oft überfordert und alleine gelassen, wenn es um den Alltag mit ihren Kindern geht. Mütter sind durch ihre vielfältigen Verpflichtungen mit Job, Kindern und Haushalt zumeist überlastet. Eine große Anzahl von Alleinerzieherinnen lebt in einer finanziell sehr angespannten Situation, die als „Armutsfalle alleinerziehend" bezeichnet wird.

Ein Lösungsansatz wäre: **Getrennt lebend, aber gemeinsam erziehend**. Dies kann auch mit dem Besuchselternteil praktiziert werden:

Gelingt es, den Vater in die elterlichen Pflichten einzubinden, und gelingt es, die Mutter davon zu überzeugen, dass es für sie eine Entlastung darstellt, wenn der Vater einige Aufgaben des täglichen Lebens übernimmt, wie z. B. Arztbesuche, Lernhilfe bei Hausaufgaben, „Taxidienste" zum Sportplatz, zu Freunden ..., ist der Begriff „alleinerziehend" nicht mehr richtig.

In jedem Fall ist es an der Zeit, den Begriff Familie neu zu überdenken und **unseren Horizont für mögliche Familienformen zu erweitern**. Familie beginnt dort, wo ein Kind mit seiner Mutter oder seinem Vater lebt. Es ist die kleinste Form von Familie. Den Besuchselternteil könnte man gewissermaßen als „Trabanten" bezeichnen, der, wenn auch räumlich getrennt, zum Familiensystem dazugehört. Für das Kind mit gutem Kontakt zum anderen Elternteil zählt dieser selbstverständlich auch zur Familie.

Das Kind mit zwei Wohnsitzen, die **Doppelresidenz**, ist in Österreich – im Gegensatz zu Deutschland – noch wenig verbreitet (und rechtlich auch noch nicht abgesichert), durchaus aber eine Familienform der Zukunft. (Siehe dazu auch Seite 60). Bei dieser Familienform hat das Kind zwei gleichwertige Zuhause, zwischen denen es hin- und herpendelt, wobei die Intervalle dem Alter des Kindes angepasst werden. Je jünger ein Kind ist, desto öfter wird gewechselt. Voraussetzung dafür sind ein gutes Einvernehmen der Eltern, berufliche Flexibilität, Nähe und kindgerechte Ausstattung der beiden Wohnungen. Die rechtliche Grundlage ist das Sorgerecht beider Eltern.

Darüber hinaus möchte ich noch die Familienformen der **Pflegefamilie**, in der ein Kind möglicherweise zeitlich begrenzt aufwächst, und der **Adoptivfamilie** erwähnen.

Es sind auch Mischformen möglich, nämlich dann, wenn eine Kernfamilie ein Pflegekind oder ein adoptiertes Kind oder mehrere Kinder bei sich aufnimmt.

Großeltern, die die Kinder ihrer Kinder großziehen, sind auch Familie ebenso wie die **SOS Kinderdorfmutter**, die über viele Jahre Kindern und Jugendlichen ein Nest bereitet und Geborgenheit schenkt.

In der **Regenbogenfamilie** wächst das Kind mit gleichgeschlechtlichen Eltern auf.

In einem Lied von André Heller heißt es:

„Ich will, dass es das alles gibt, was es gibt."

In diesem Sinn Familie neu zu sehen, ist das Gebot der heutigen Zeit.

Familie neu definiert

Wenn wir den Familienbegriff weiter fassen – was macht eine Familie dann aus?

Meiner Ansicht nach ist das **Zentrum der Familie** das Kind (bzw. die Kinder). Familie ist also dort, wo verschiedene Generationen unter einem Dach leben. Für Kinder ist der Begriff Familie sowieso kein „eng gestecktes Gärtlein". Kinder betrachten diejenigen Personen als zur Familie gehörig, bei denen sie sich wohlfühlen und denen sie vertrauen.

Daher ist auch oft zu beobachten, dass Kinder ihre Freunde gerne zur Familie zählen. Das gilt auch für Haustiere, die für sie Teil der Familie sind. Warum? Haustiere sind Vertraute, Seelentröster, Kameraden und Spielgefährten.

TIPP

GESTALTEN SIE GEMEINSAM MIT IHREM KIND
EIN KLEINES KUNSTWERK ZUM THEMA FAMILIE.

Familien-Blumen

Besorgen Sie eine kleine Schale mit Steckschwamm und verschiedene Blumen. Wässern Sie den Steckschwamm.

Erklären Sie Ihrem Kind: „So verschieden wie die Blumen sind, so verschieden sind auch die Menschen."

Fordern Sie Ihr Kind auf, nun Blumen wie seine Familie zu stecken. Zuerst möge es eine Blume für sich wählen, in den gewässerten Schwamm stecken und dann je eine für jeden, den es zu seiner Familie zählt.

So entsteht ein aufschlussreiches kleines Kunstwerk!

Familienwald

Erklären Sie Ihrem Kind: „Zeichne einen Wald, dich als ersten Baum und dann für jedes Familienmitglied auch einen."

An der Position der anderen Bäume zum eigenen Baum Ihres Kindes können Sie nachvollziehen, wie das Kind seine derzeitige familiäre Situation sieht.

Achtung: Beide Übungen sollten Sie bitte nicht überinterpretieren, sie sind Momentaufnahmen!

Kinder sind von Natur aus klassische „Sippenmenschen“. Sie genießen es, sich gut aufgehoben zu wissen im Kreise von Menschen, bei denen sie willkommen sind, die sie lieben und fördern. Je mehr Personen um sie herum sind, desto besser. Für Erwachsene mit mitteleuropäischen Wurzeln hingegen ist das Leben in einer Sippe keine erstrebenswerte Familienform.

Patchworkfamilie – die Familienform der Zukunft?

Die Patchworkfamilie definiert sich als Familie, in der außer den gemeinsamen Kindern eines Paares auch die Kinder aus früheren Beziehungen der Eltern leben. Diese Familienform ist aber keine Erfindung der heutigen Zeit, es gab sie schon immer. Man nannte sie **Stieffamilie**. In früheren Zeiten ersetzte die Stiefmutter/der Stiefvater den verstorbenen Elternteil, die in diese Ehe mitgebrachten Kinder waren die Stiefkinder.

Allerdings hat, was mit „Stief" beginnt, kein gutes Image, bedeutet nichts Gutes. Denken wir nur einmal an Märchen, in denen eine Stiefmutter vorkommt, z. B. bei Schneewittchen oder an die Stiefschwestern in Aschenputtel. Stiefmütter/Stiefväter und Stiefgeschwister haben ein gemeinsames Attribut: böse!

Verwendet man im allgemeinen Sprachgebrauch den Ausdruck „jemanden stiefmütterlich behandeln", meint man damit, ihn oder sie schlecht behandeln.

Machen wir Schluss mit diesem Vorurteil, das nicht gerade Mut macht, sich auf ein derart komplexes Familiensystem einzulassen. Sehen wir die **moderne Stieffamilie neu**: chancenreich und risikobehaftet.

In der **Patchworkfamilie von heute** wird nicht ein Elternteil ersetzt, sondern es kommt ein zusätzlicher Elternteil dazu, der aus seiner früheren Beziehung auch Kinder haben kann.

Auch wenn die Familienvergrößerung nur zum Wochenende und im Urlaub stattfindet, spricht man bereits von einer Patchworkfamilie.

Das Kind in der Patchworkfamilie

Wie geht es also einem Kind, wenn es mit „Einheimischen" (Mutter/Vater), „Zugereisten" (Stiefvater/Stiefmutter) und „Hereingeschneiten" (Stiefgeschwistern) lebt?

Wie geht es einem Kind, wenn es an den Besuchswochenenden mit neuen Partnern und deren Kindern konfrontiert wird?

Wann sieht ein Kind „rot"?

Mamas neuer Freund oder Papas neue Freundin sind für das Kind zunächst einmal Eindringlinge und in zweifacher Hinsicht „suspekt". Erstens zerstört ein neuer Partner/eine neue Partnerin beim Kind die Illusion, dass die Eltern wieder zusammenkommen könnten. Zweitens empfindet das Kind den neuen Partner (die neue Partnerin) als Konkurrenz, da es seine Mutter (seinen Vater) bisher alleine gehabt hat, und jetzt soll es auf einmal die gemeinsame Zeit mit einem Fremden teilen. Ebenso wird sich das Kind zu wenig beachtet fühlen, wenn an den Besuchswochenenden die neue Freundin von Papa immer mit dabei ist.

Das Kind ist eifersüchtig.

Gegenwind ☹

↓ „Meine Stiefmutter hat ständig was an mir auszusetzen, und wenn ihr Sohn zum Wochenende da ist, schläft er bei mir im Zimmer und tut so, als gehörten alle meine Sachen auch ihm. Wenn ich dann ausraste, schimpft mein Vater mit mir und sagt, ich solle nicht so kleinlich sein."

(Mario, 11 Jahre)

↓ „Wenn meine Mutter nicht mehr weiter weiß mit uns Kindern, schaut sie hilfesuchend zu Hans, ihrem zweiten Mann, und dieser spricht dann das Machtwort. Ich hasse ihn!"

(Silvia, 14 Jahre)

↓ „Bei Papa und seiner neuen Frau gefällt es mir ganz gut. Allerdings finde ich es ganz schön arg, dass mein Papa mehr Zeit mit den Kindern seiner zweiten Frau verbringt als mit mir. Außerdem glaube ich manchmal, er hat mich nicht lieber als seine Stiefkinder, denn er behandelt mich genauso wie sie und nie kann ich mit ihm allein etwas unternehmen. Das macht mich traurig.

(Emil, 7 Jahre)

↓ „Du wirst doch hoffentlich keine Geschenke von dem Neuen deiner Mutter annehmen, der will dich doch nur einfangen und sich als Vater aufspielen."

(Ermahnung eines Vaters an seine 8-jährige Tochter)

↓ „Wenn die kleine Tochter von Franz da ist, glaubt Mama, sie müsse ganz besonders nett zu ihr sein. Mit mir kommandiert sie dann nur noch herum.

(Tina, 10 Jahre)

Rückenwind ☺

↑ „Also, ich finde den Neuen deiner Mutter ganz in Ordnung, er kann dir sicher eine Menge beibringen. Es ist auch gut, wenn er da ist, wenn du von der Schule nach Hause kommst."

(Vater zu seiner 9-jährigen Tochter)

↑ „Ich lasse euch mal einen Nachmittag allein, ich mach mit meinem Sohn einen Vater-Sohn-Tag. Gehen wir dann am Abend alle zusammen in die Pizzeria?"
(Vater zu seiner zweiten Frau und deren Kindern)

↑ „Bis jetzt habe ich immer meine Lieblingsspielsachen weggeräumt, wenn die Kinder meiner Stiefmutter zum Wochenende kamen. Jetzt haben die beiden eine ganze Kiste voll von ihren Spielsachen mitgebracht und mich eingeladen, mitzuspielen. Ich glaub, ich brauch nichts mehr zu verstecken."
(Sandra, 10 Jahre)

↑ „Heuer im Sommer wird es urcool. Mama, Franz, meine Halbschwester und ich fahren zwei Wochen ans Meer. Und dann sind Papa und ich auf Segeltour."
(Matthias, 11 Jahre)

↑ „Im August fahre ich zu Oma aufs Land, meine Stiefgeschwister sind auch da, weil mein Papa und Laura einmal ein paar Tage alleine Urlaub machen wollen. Mir passt das, denn bei Oma und Opa haben wir alle viel Spaß."
(Leon, 12 Jahre)

↑ „Als ich letztes Wochenende zu Papa kam, hatte Anna, seine Freundin, ihre Schminksachen in mein Kästchen geräumt. Ich war ganz schön wütend auf sie, obwohl sie mir sonst eigentlich sehr sympathisch ist. Ich bin sofort zu Papa gegangen und wir haben zu dritt miteinander gesprochen. Jetzt ist wieder alles klar. Anna hat einen anderen Platz für ihre Sachen gefunden."
(Judith, 10 Jahre)

↑ „Meine Mama hat mir erklärt, dass ich als ihr Kind einen besonderen Platz in ihrem Herzen habe. Wenn ich mich einmal ungerecht behandelt fühle, dann soll ich es ihr gleich sagen, jeder Mensch macht manchmal Fehler und dann ist es gut, darauf aufmerksam gemacht zu werden. Meistens sieht sie mir ohnehin gleich an der Nasenspitze an, wenn mir etwas gegen den Strich geht. Dann reden wir drüber und suchen gemeinsam nach einer Lösung. Bis jetzt haben wir immer eine gefunden."
(Ein glückliches Kind einer Patchworkfamilie)

„Patchwork“ im wörtlichen Sinn bezeichnet etwas Buntes, Verschiedenartiges. Scheinbar nicht zusammenpassende Teile ergeben durch das Zusammenfügen etwas Neues und Außergewöhnliches, etwas einmaliges Ganzes.

Bei **Familienfesten und Kindergeburtstagen** zeigt sich die gelungene Patchworkfamilie in seiner prächtigen Lebendigkeit.

Das Leben als Patchworkfamilie erfordert verständlicherweise **innovative Wohnideen**. Nachdem die Zahl der Patchworkfamilien ständig steigt, beginnt nun endlich auch der Wohnungsmarkt auf ihre besonderen Wohnbedürfnisse zu reagieren. Es entstehen derzeit Modelle, bei denen eine Wohneinheit aus zwei getrennten Wohnungen und einem gemeinsamen Raum als Wohn- oder Spielzimmer besteht. Die Raumgestaltung selbst soll flexibel sein, mobile Wohnelemente und Bürotrolleys schaffen spontan eine gemütliche Ecke für die „Wochenendkinder“. Aus Respekt vor der Individualität jedes Einzelnen soll jedem Familienmitglied ein Rückzugsraum gewährt werden. Auch hier ist Kreativität gefragt.

Zum Abschluss ein Beispiel aus der Modewelt: Eine spanische Modefirma macht aus vielen bunten und schrill gemusterten Stoffteilen außergewöhnliche Kleider, Röcke, T-Shirts und Mäntel. Jedes Muster ist für sich etwas ganz Besonderes und das Zusammenfügen ergibt als „bunte Vielfalt“ ein extravagantes Kleidungsstück – ein zutreffendes Symbol für die Patchworkfamilie.

Tipps für Stiefeltern

- Halten Sie sich mit Erziehungsmaßnahmen so weit wie möglich zurück. Dies ist Aufgabe des leiblichen Elternteils.

  Zur Orientierung: Untersuchungen haben ergeben, dass das aktuelle Alter des Kindes die Dauer bestimmt, wann es Sie als Erziehungsberechtigten annehmen kann.

  Zum Beispiel: Das Kind ist 3 Jahre alt: Nach 3 Jahren werden Sie als Erziehungsberechtigter angenommen. Ist das Kind bereits 8 oder 9 Jahre alt, werden Sie möglicherweise nie Erziehungsaufgaben übernehmen können.

  Bis zu 3 Jahre kann es dauern, bis ein Kind die neue Familiensituation akzeptieren kann.

- Streben Sie eine freundschaftliche Beziehung an, ähnlich der, die Sie vielleicht zu Kindern Ihrer Freunde haben. Bauen Sie Vertrauen auf.

  Lassen Sie sich auf das ein, was vom Kind kommt.

- Akzeptieren Sie, wenn Sie nicht sofort die erwünschte Reaktion auf Ihr Tun bekommen. Mit viel Geduld und Einfühlungsvermögen werden Sie über kurz oder lang sicher einen Zugang zum Kind finden.

- Stellen Sie klar, dass Sie einerseits keine Konkurrenz zum leiblichen Elternteil sein wollen und andererseits dem Kind auch nicht den Elternteil „wegnehmen" wollen, bei dem dieses Kind lebt. Mit einfachen Worten kann man dies auch schon kleinen Kindern erklären: Sie möchten eine gute Freundin/ein guter Freund werden.
- Zeigen Sie Interesse für die Persönlichkeit des Kindes und seien Sie aufmerksam für seine Bedürfnisse.
- Zeigen Sie Respekt.
- Signalisieren Sie Offenheit, Kritikfähigkeit und Gesprächsbereitschaft. Beziehen Sie aber auch Stellung, erklären Sie Ihren Standpunkt, zeigen Sie Ihre Grenzen auf. Aufopferung kommt bei Kindern nicht an und tut Ihnen auch nicht gut.
- Eine große Entlastung für das Kind ist, wenn der leibliche Vater/die leibliche Mutter den Stiefvater/die Stiefmutter akzeptiert. Und dies seinem Kind auch sagt.
- Nachdem in einer Patchworkfamilie zumeist mehrere Kinder leben, ist es wichtig, die Kinder nicht als Gruppe, als Einheit (z. B. mit „ihr" anzusprechen anstatt mit „du"), sondern als Einzelwesen zu sehen.
- Sie sollten zu jedem Kind eine einzigartige Beziehung aufbauen und dies auch in Worten und Taten sichtbar machen.
- Vorbild zu sein, ist auch im Umgang mit Stiefkindern wichtiger, als erziehen zu wollen.
- Um Eifersüchteleien der eigenen leiblichen Kinder vorzubeugen, ist es sinnvoll, immer wieder etwas nur mit ihnen alleine zu unternehmen und/oder mit ihnen ein vertrauliches Gespräch zu führen. Damit gibt man ihnen einen gewissen Vorsprung, der den Kindern das Gefühl vermittelt, ganz besonders wichtig zu sein.
- Im Übrigen gibt es für Kinder in der Patchworkfamilie viel mehr Bezugspersonen als in der herkömmlichen Familie. Zu den Eltern und Geschwistern kommen auch Stiefeltern, Stiefgroßeltern, Stiefgeschwister, Halbgeschwister hinzu. Stiefgeschwister können zu wichtigen Bezugspersonen werden, daraus entwickeln sich oft lebenslange Freundschaften. Eine **bunte Vielfalt und ein großer Aktionsradius** ergeben sich so für das tägliche Leben. Darin liegt ein reichhaltiger Schatz, der „nur" gehoben werden muss.

Das Handwerkszeug für das Heben dieses Schatzes sind:

- jede Menge guter Willen
- Mut, Krisen durchzustehen
- Mut zum Chaos, denn es kann auch öfters einmal drunter und drüber gehen
- Kreativität
- Flexibilität
- Ehrlichkeit
- Kommunikation
- Geduld
- Einfühlungsvermögen
- und – ganz wichtig – jede Menge Humor

- Vergleichen Sie Ihre Familie nicht mit anderen Familien, denn jede ist einzigartig. Seien Sie stolz auf Ihr „Familienwerk"!
- Nehmen Sie sich Zeit für Ihr eigenes Leben und für Ihre neue Partnerschaft. Wenn es Ihnen gut geht, geht es auch Ihrer Familie gut.
- Trennen Sie sehr genau, was auf die Eltern-Kind-Ebene gehört und was auf die Paar-Ebene.
- Respektieren Sie die Geschichte der herkömmlichen Kernfamilie, jede hat(te) ihre Gewohnheiten und Regeln.
- Integrieren Sie in die neue Familie, was auch für die neue Familiensituation passt, so entstehen Geborgenheit und Kontinuität für die Kinder. Verabschieden Sie sich gemeinsam von dem, was nicht mehr zeitgemäß ist.

Bei allen Unterschieden zur Kernfamilie bleiben die **Ziele** der neuen Patchworkfamilie doch dieselben: Alle Familienmitglieder sollen sich wohlfühlen, auch wenn es zuweilen drunter und drüber geht und die Konfliktwogen manchmal hochgehen. Die Erwachsenen haben die Aufgabe, die Kinder optimal auf ihrem Weg in die Selbstständigkeit vorzubereiten und sie zu unterstützen.

AUS ERFAHRUNG

Die rechtliche Situation von Stiefeltern soll dahingehend eine Stärkung erfahren, dass Stiefeltern mit mehr Rechten ausgestattet werden, was die Vertretungsbefugnis anlangt, z. B. die Unterschrift im Schulmitteilungsheft. Bis jetzt ist eine Vollmacht des obsorgeberechtigten Elternteils nötig. Dabei ist zu bedenken, dass dadurch möglicherweise einem Stiefelternteil mehr Rechte eingeräumt werden als einem nicht obsorgeberechtigten leiblichen Vater oder Mutter. Dies könnte Anlass zu Konflikten geben.

Wiederum muss daran erinnert werden, dass es unmöglich ist, durch Gesetze alle Situationen im (Familien-)Leben erschöpfend und ausreichend zu regeln. Wie immer ergeht auch hier der Auftrag an alle Erwachsenen, miteinander zu reden. Kein Gesetz der Welt kann eine gute Gesprächsbasis ersetzen.

Die Familie als Stütze

Das Wichtigste in einer Familie ist **Solidarität.** Eine glückliche Familie ist nicht eine, in der alles glattgeht, sondern eine, in der das Kind, wenn etwas schiefläuft, aufgefangen wird, es einen Zufluchtshafen hat. Ist das Kind traurig oder unglücklich, verdient es, ernst genommen zu werden.

Liebe und Zuwendung sind das Band, das die Familie zusammenhält.

Emotionale Wärme, Wohlbefinden und Selbstwertgefühl, all das können in erster Linie nur Eltern ihrem Kind geben.

Diese **Leitsätze für die Familie** im Allgemeinen gelten natürlich ganz besonders für alle neuen Familienformen, wo sich die leiblichen Eltern eines Kindes getrennt haben und neue Familienkonstellationen entstanden sind. Hier ist von Eltern ganz besonders darauf zu achten, dass das Band zwischen Kind und Mutter oder Kind und Vater trotz räumlicher Trennung erhalten bleibt.

Wenn dies gelingt, zeigt sich, dass **nicht die Familienform** das Entscheidende für die gesunde Entwicklung eines Kindes ist, sondern die **Zuwendung** und die **innere Haltung** der Eltern ihrem Kind gegenüber.

„Die Natur hat die Kinder mit einer gewissen psychischen Robustheit ausgestattet. Sie rechnet nicht mit perfekten Eltern, aber mit Eltern, die sich um ihre Kinder kümmern und mit einer Gemeinschaft, die den Eltern dabei hilft." (Aus: „Glückliche Scheidungskinder" von Remo H. Largo und Monika Czernin)

Gegenwind ☹ für Scheidungskinder

Missachtung

Was nicht gesagt werden sollte:

„Du bist genau wie deine Mutter!"

„Du bist genau wie dein Vater!"

Mit dieser Bemerkung drücken Sie nicht nur Missachtung gegenüber Ihrem Ex-Partner aus, sondern Ablehnung Ihrem Kind gegenüber, das ja auch Anteile vom anderen Elternteil in sich trägt. Damit lehnen Sie also auch Ihr Kind ab.

Das Kind als Kitt

Entgegen der landläufigen Meinung vergangener Tage weiß man heute: Ein Kind kann eine krisengeschüttelte Beziehung **nicht retten**. Denn in Wirklichkeit ist ein Kind eine Herausforderung, manchmal sogar der klassische „Härtetest" für eine Beziehung.

Nicht selten versuchen jedoch die Kinder, sobald sie merken, dass es bei den Eltern „kriselt", diese wieder zusammenzubringen. Dabei sind sie sehr kreativ und einfallsreich: Sie kochen z. B. die Lieblingsspeisen der Eltern und veranstalten ein „Candle-Light-Dinner", sie verschenken Kinokarten oder sind ganz besonders brav und ziehen sich dezent in ihre Zimmer zurück, wenn einmal die Stimmung friedlich ist, in der Hoffnung, die Eltern finden wieder zusammen.

Besonders der enttäuschte Partner ist dann oft versucht, dieses Bestreben zu nützen und mit Unterstützung des Kindes den anderen wieder zurückzugewinnen.

Es ist wichtig und notwendig, diese „Falle" zu durchschauen, denn ein Kind hat in der Konfliktsituation der Eltern **keine Parteienstellung**. Es kann nichts dafür, dass sich die Eltern nicht mehr vertragen, es hat aber sehr wohl ein **Recht auf Information**.

Das Kind als Instrument

Den Trumpf im Machtspiel der Großen zu spielen, stürzt ein Kind mit absoluter Sicherheit in einen es sehr belastenden Loyalitätskonflikt. Die schlimmsten Fragen in diesem Zusammenhang wären:

„Wen hast du lieber, Papa oder Mama?"

Oder:

„Bei wem möchtest du wohnen?"

Diese Fragen lösen bei Kindern **unter 10 Jahren** extremen Stress aus, sie sind absolut überfordert, auf Fragen dieser Art zu antworten.

Ältere Kinder und Jugendliche werden gegebenenfalls von Psychologen und Sachverständigen darüber befragt, wo sie wohnen möchten. Hierbei ist mit viel Einfühlungsvermögen vorzugehen und die Befragung darf keinesfalls im Beisein eines Elternteils stattfinden.

Das Kind als Spion und Informationsträger zu benutzen, grenzt an Kindesmissbrauch. Etwas auszukundschaften oder Nachrichten zu übermitteln, zählt nicht zu den Aufgaben des Kindes:

„Hat Papa schon wieder eine neue Freundin?"

„Sag Mama, ich zahl schon genug Alimente und werde daher kein Geld mehr für deinen Skikurs lockermachen."

„Wenn dich Papa bei Oma abliefert, was macht er dann?"

„Frag Mama, ob ich dich am Freitag gleich vom Fußballtraining abholen kann."

Damit wird ein Kind überfordert und in eine Rolle gedrängt, die dem Kindsein nicht entspricht. Man überfordert das Kind schon allein deshalb, weil man von ihm etwas verlangt, wofür man selbst zu feige ist. Das heißt, das Kind soll mehr Reife zeigen als der „erwachsene" Elternteil.

↓ Das Kind als Partnerersatz

Dies passiert oft aus einer Schwäche eines Elternteils heraus: Nachdem der Vater ausgezogen ist, übernimmt der kleine Sohn die Rolle des Mannes im Haus. Er glaubt, er müsse Mama jetzt beschützen. Nicht selten schmeichelt dies der Mutter sogar, vor allem dann, wenn sie von ihrem Mann wegen einer anderen Frau verlassen wurde.

Auf einmal fühlt sich der 10-jährige Sohn verpflichtet, Reparaturaufgaben zu übernehmen, die Papa immer gemacht hat. Oder: Immer wenn die 13-jährige Tochter bei Papa ist, kocht sie für ihn. Er ist ja jetzt so arm und kann nicht für sich selbst sorgen. Manchmal räumt sie sogar ein wenig auf und bügelt ...

Damit jetzt keine Missverständnisse entstehen: Natürlich ist es schön, wenn Kinder mithelfen, damit der Alltag gut funktioniert. Die Erwachsenen müssen jedoch darauf achten, aus welchen Beweggründen diese Dienste passieren.

Sehr häufig ist auch zu hören, dass ein Kind in Vaters leerem Bett schläft.

Dies mag in der ersten Zeit der Trennung sowohl dem Kind als auch der Mutter guttun, sollte jedoch nur eine Übergangslösung sein. Sobald das Kind wieder an Sicherheit gewonnen und sich die Situation beruhigt hat, ist das Bett im Kinderzimmer die richtige Schlafstätte für das Kind.

Gar zu leicht geht ein Erwachsener in die Falle, sich von seinem Kind trösten zu lassen. Anfangs tut es der verletzten Seele gut, aufgefangen zu werden. Dafür können Sie sich auch ganz herzlich bei Ihrem Kind bedanken. Dennoch darf der Elternteil dies nicht zur Gewohnheit werden lassen. Erklären Sie Ihrem Kind, wie sehr Sie sein Mitgefühl schätzen, dass Sie aber sehr gut auf sich selbst schauen können und notfalls Hilfe von anderen Erwachsenen annehmen werden. Unterstützen Sie in dieser Zeit ganz besonders alle Aktivitäten Ihres Kindes mit Gleichaltrigen.

↓ Kleiner Denkanstoß:

Was möchten Sie als Feedback von Ihrem Kind Jahre später einmal hören?

„Ich hasse alle Frauen, ganz besonders meine Mutter, denn sie hat mir meinen Vater weggenommen."
(Kevin, 15 Jahre)

Oder

„Ich danke meiner Mama, dass sie uns Kinder immer zum Papa hat gehen lassen, egal wie viele Schwierigkeiten und Probleme sie mit ihm hatte."
(Elsa, 16 Jahre)

Rückenwind ☺ für Scheidungskinder

- ↑ Kinder sind eigenständige Personen, die als gleichwertige Mitglieder zu unserer Gesellschaft gehören.
- ↑ Kinder bedürfen unseres besonderen Schutzes und unserer Förderung auf dem Weg zum Erwachsenwerden.
- ↑ Die Bedürfnisse und Anliegen der Kinder, ihr Wohlbefinden müssen im Mittelpunkt stehen.
- ↑ Eltern sind aufgefordert zu lernen, ihre eigenen Bedürfnisse gegenüber denen ihrer Kinder zurückzustellen, was jedoch nicht bedeutet, sich aufzuopfern! Auch Eltern brauchen ihren Freiraum! Dies gilt es auch für die Kinder zu lernen. Nur Menschen, die mit ihrem Leben zufrieden sind, sind auch gute Eltern!
- ↑ Kinder haben ein Recht auf Information, aber keine Parteienstellung im Konflikt der Eltern, bei deren Trennung/Scheidung und bei der Wahl neuer Partner.
- ↑ Kinder brauchen Mutter **und** Vater, auch wenn sie in verschiedenen Häusern leben, auch wenn sie einen Elternteil nur selten sehen können.

↑ Einmal pro Monat sollte ein Austausch zwischen den Eltern stattfinden, um Themen, die das Kind betreffen, zu besprechen. Dies ist gerade in schwierigen Zeiten notwendig. Wägen Sie auch ab, was per E-Mail, per Telefon, per SMS oder besser in einem persönlichen Gespräch geklärt werden kann und soll.

Mutter sein, Vater sein

Jede Rolle hat ihre eigene Qualität und Wichtigkeit und ihre speziellen Aufgaben. Beide Rollen, die des Vaters und die der Mutter, stehen nicht in Konkurrenz zueinander, sondern ergänzen sich. Durch Schwangerschaft und Geburt entsteht eine starke Verbindung, **ein inniges Band** – Bonding – zwischen Mutter und Kind. In den ersten 6 Lebensmonaten ist diese Art von Symbiose noch am stärksten ausgeprägt. Die Mutter bedeutet für das Kind Nahrungsquelle, Nest und Geborgenheit. Der Vater ist dabei im wahrsten Sinn des Wortes ein **Außenstehender**, kann diese enge Bindung naturgemäß nicht nachvollziehen und erlebt sich eher als Außenseiter. Dennoch ist bereits bei der Geburt und danach der Vater wichtig und eine wertvolle Unterstützung für Mutter und Kind. Bereits in den Anfängen kann daher der Vater den Grundstein zum „Alltagspapa" legen und viele beglückende und bereichernde Momente mit seinem Kind erleben. Beginnt das Kind die Außenwelt zu erforschen, wachsen Vaters Aufgabenbereich und dessen möglicher Aktionsradius: Papa wird immer wichtiger.

Gehen wir nun von den natürlichen Gegebenheiten aus, kann man die Rolle der Mutter eher als das bewahrende, behütende, als nestbereitendes Element sehen, während die Rolle des Vaters eher darin besteht, als Repräsentant der Außenwelt dem Kind die Welt zu zeigen und es dadurch zu unterstützen, sich mutig auf den Weg ins Leben zu begeben.

Um Missverständnissen vorzubeugen: Diese Rollenaufteilung drückt Prinzipien aus und hat **nichts mit Rollenfixierung** zu tun! Natürlich kann auch der Vater das Kind versorgen, kochen und Windeln wechseln und die Mutter kann mit dem Kind auf Reisen, ins Museum etc. gehen.

Was deutlich werden soll, ist, dass sich die **Rolle der Mutter naturgemäß von der des Vaters unterscheidet** und eine andere Qualität hat.

Die **Beziehung eines Kindes** zur Mutter und seine Beziehung zum Vater sind grundsätzlich verschieden. Daraus folgt: Achtung und Respekt vor der Sicht des anderen zu zeigen, ist unabdingbar.

Verschiedene Lebenseinstellungen und Wertigkeiten, unterschiedliche Erziehungsstile der Eltern sind der Reichtum, aus denen ein Kind schöpfen kann. Daraus ergibt sich, dass ein **Konkurrenzdenken** zwischen Mutter und Vater absolut unnötig ist.

Landläufige **Meinungen und Klischees** wie:

„Die Mutter ist besser, weil sie z. B. besser für das Kind sorgen kann, weiß, was wirklich gut ist und was es braucht, besser aufpassen und mit dem Kind besser umgehen kann."

oder

„Der Vater ist besser, weil er initiativ und unternehmungslustig ist, weniger ängstlich ist, an viele Dinge anders herangeht, manches einfacher sieht, mehr erlaubt ..."

sind für ein friedliches Miteinander, ganz besonders, wenn Eltern getrennt leben, nur kontraproduktiv. Die Bewertung unterschiedlicher Sichtweisen entspringt in erster Linie „Machtfantasien".

Ein Kind braucht beide Pole

Natürlich haben Eltern generell, egal in welcher Familienform sie leben, oft verschiedene Erziehungsstile und Vorstellungen, was für das Kind gut ist. Meinungsverschiedenheiten sind normal, gehören natürlich besprochen, um Konflikte vor allem vor dem Kind zu vermeiden. Diese Gespräche sollten jedoch nicht im Beisein des Kindes geführt werden, um ein Gegeneinanderausspielen zu vermeiden. Toleranz und Akzeptanz sind dabei gefragt.

Notwendig ist, den **eigenen Standpunkt** zu beziehen und sich gegebenenfalls von der Sicht des anderen zu distanzieren, wenn kein Konsens möglich ist. Die Sicherheit des Kindes und die Gewährleistung seiner Entwicklung in **die richtige Richtung** müssen dabei immer bei beiden Eltern im Vordergrund stehen.

„Richtig" in diesem Zusammenhang meint, den ganz speziellen Fähigkeiten, Talenten und individuellen Lernthemen des Kindes Rechnung zu tragen. Das heißt, es gilt immer zu überlegen, was in der konkreten Situation **für das Kind gut ist**, und die eigenen Wünsche und Vorstellungen sind hintanzustellen.

Kommen Sie auf keinen grünen Zweig, scheuen Sie sich nicht davor, professionelle Hilfe wie Beratung, Mediation, Coaching oder Supervision in Anspruch zu nehmen.

Ein Kind kann sehr gut zwischen „Mamas Welt" und „Papas Welt" hin- und herpendeln, und bei Oma und Opa „ticken die Uhren sowieso wieder anders".

Der Austausch unter den Erwachsenen ist wichtig, und in wesentlichen Dingen sollte man „an einem gemeinsamen Strang ziehen."

Dem Kind kann die Mutter ruhig sagen: „Ich sehe das anders als Papa, bei mir gibt es ..., gibt es .... nicht."

Und der Vater genauso: „Bei Mama ......

Bedenken Sie stets:

Ein Elternteil kann immer nur seinen Anteil geben, er kann niemals beide sein, dies steckt ja schon im Wort Eltern**teil** drin. Eine Mutter kann nicht den fehlenden Vater ersetzen. Ein Vater kann nicht Vater und Mutter sein.

Auch wenn es den Anschein hat, ein Elternteil interessiere sich nicht (mehr) für das Kind, braucht das Kind dennoch die Chance, eine Beziehung zu ihm zu knüpfen, um sich ein Bild vom abwesenden Elternteil machen zu können.

Das Kind braucht beide Pole, es trägt ja auch beide Anteile, von seiner Mutter **und** von seinem Vater, in sich.

Wenn nun ein Kind, dessen Eltern getrennt leben, nach einem Streit mit der Mutter diese im Zorn anschreit, „Mir reicht es jetzt, ich packe meinen Rucksack und geh zu Papa!", ist dieser Ausspruch letztendlich als **positives Feedback** zu werten: Es ist Ihnen gelungen, Ihrem Kind beide Eltern zu erhalten, es hat einen „Fluchtweg".

VON DER „ZWEIERBEZIEHUNG", DER DYADE MUTTER-KIND, ZUR TRIADE VATER-MUTTER-KIND:

Bildhafte Darstellung der Triade nach Univ.-Doz. Dr. Helmuth Figdor
Strand = Mama I Insel = Papa I Im Boot = Kind

Ein Appell an Eltern von A – Z

A*chten Sie die Persönlichkeit und Menschenwürde des Kindes, Ihres Ex-Partners und die eigene!*

B*ei wichtigen Anlässen für das Kind, z. B. Schul-/Kindergartenfeste, Konzerte, Theateraufführungen etc., kommen beide Eltern.*

C*hristkind, Weihnachten, Geburtstage, wo, mit wem und wann gefeiert wird, und Urlaube gut und rechtzeitig planen.*

D*as ausgehandelte Besuchsrecht und alle anderen Vereinbarungen das Kind betreffend einhalten.*

E*ntspannungs- und Erholungsbedürfnis dem Ex-Partner und sich selbst zugestehen und ermöglichen.*

F*airness im Umgang miteinander! Den anderen schlechtzumachen, bringt das Kind in einen Loyalitätskonflikt, der zum Bumerang wird.*

G*emeinsam wichtige Entscheidungen für das Kind treffen.*

H*ilfsbereitschaft in Krisensituationen zeigen.*

I*n dem Bewusstsein handeln, dass Elternschaft ein Leben lang dauert.*

J*ederzeit bereit sein, etwas zu ändern, wenn das Kind es braucht.*

K*lares Auseinanderhalten: Was gehört auf die Ex-Paar-Ebene, was auf die Eltern-Kind-Ebene.*

L*oslassen lernen: Jeder hat das Recht, sein Leben neu aufzubauen.*

M*iteinander für das gemeinsame Kind, Machtkämpfe erkennen und beenden.*

N*eues ausprobieren, Konventionen hinter sich lassen, Neuanfänge wagen.*

O*ma und Opa sind wichtig für das Kind, Beziehung zu ihnen zulassen, vorausgesetzt, die Großeltern mischen sich nicht in den Paarkonflikt und in die Erziehung ein.*

P*rofessionelle Hilfe wie Mediation, Beratung, Coaching in Anspruch nehmen, wenn die Kommunikation stockt und man nicht mehr weiter weiß.*

Q*uellen nützen, Freunde zu Rate ziehen, Bücher (Fachliteratur, Ratgeber) lesen.*

R*espektvoll miteinander umgehen und nicht das Bild des geschiedenen Partners im Herzen des Kindes zerstören.*

S*piegelsyndrom: Das Kind ist ein klarer Spiegel seiner Eltern: Erkennen Sie am Verhalten des Kindes Ihr eigenes Problemfeld und Ihr aktuelles Lernthema.*

T*alente des Kindes gemeinsam fördern.*

Ü*ber den eigenen Schatten springen: immer wieder miteinander reden, Blickkontakt üben; dem/der „Ex" in die Augen schauen.*

V*ertrauen wieder aufbauen und erhalten.*

W*ertschätzung für den anderen zeigen, schließlich war er einmal die große Liebe und das Kind die Krönung dieser Verbindung.*

Z*iel, das man nie aus den Augen verlieren darf: Unserem Kind soll es gut gehen.*

Epilog

Schauplatz: Bei *Ferdinand Raimund* manchmal im Himmel ....

Bei *Ferdinand Raimund* enden die Geschichten seiner Stücke dort, wo sie begonnen haben: im Himmel. Allerdings haben die Akteure am Ende einen Läuterungsprozess durchgemacht. Dies wäre der Bogen zu der Ausgangssituation eines unwissenden Paares bis hin zu einem eigenständigen, verantwortungsbewussten Leben nach der Trennung.

Auch hier ist ein Lernprozess nötig.

Rückenwind ☺ für Eltern nach der Trennung

Machen Sie kein Drama draus ...

So gut oder so schlecht Sie die Trennung vollziehen, so gut oder so schlecht wird es auch Ihren Kindern damit gehen.

Wenn das Scheitern Ihrer Beziehung und der Zusammenbruch Ihrer Lebensvision wie ein schwerer Rucksack auf Ihnen lastet, der Sie völlig aus dem Gleichgewicht bringt, **haben Sie die Wahl**: Sie können sich in die Opferrolle begeben, in dieser bleiben und in Ihrem Leid verharren. Oder Sie rappeln sich mit all Ihnen zu Gebote stehenden Mitteln auf und beschreiten Ihren Lebensweg weiter.

Es ist Ihre Entscheidung!

Haben Sie sich zu Letzterem entschlossen, nehmen Sie alle Hilfen an, die Sie bekommen können. Sie werden gestärkt am Ende des Tunnels wie „Phönix aus der Asche" steigen. Sie werden Ihrer neuen Situation viele positive Aspekte abgewinnen können. Dann geht es wieder aufwärts und die Lebensfreude kehrt zurück. Diese wiederum wird Sie beflügeln, das Leben wieder zu genießen. Haben Sie genügend Distanz zu Ihrem früheren Leben gefunden, gelingt es Ihnen vielleicht schon, manches im Rückblick mit Humor zu betrachten. Selbst in einer ernsten Szene steckt zuweilen eine ganze Menge Situationskomik. Erinnert ein wenig an Theater oder Kino: Wie oft können Sie dort über Erlebnisse, Missgeschicke, turbulente Handlungsabläufe, „Tragödien" anderer Leute von Herzen lachen? Stellen wir uns doch einmal vor, wir sitzen im Kino, und wenn die Leinwand sich vergrößert und es „Film ab" heißt, sehen wir unseren eigenen Lebensfilm. Viel Vergnügen!

Ein Fest zum Abschied?

.... zur Aussöhnung, Vergebung untereinander

... zur Information und Appell zur Hilfe an Freunde und Verwandte

In der evangelischen Kirche Schwedens wird seit einigen Jahren die Zeremonie „Die Ringe zurückgeben“ angeboten. Ein Paar, das auseinandergeht, feiert in der Kirche seine „Entheiratung“. Zu diesem Fest, das der Pfarrer oder die Pfarrerin gemeinsam mit den zukünftigen Singles gestaltet, werden Verwandte und Freunde eingeladen wie bei einer Hochzeit. Im feierlichen Rahmen erinnert man sich an die schönen Zeiten, verzeiht dem anderen Kränkungen und Verletzungen und appelliert an Freunde und Verwandte, den Kontakt zu beiden Ex-Partnern zu halten.

Wäre das auch eine Anregung für Sie?

Es muss ja nicht im kirchlichen Rahmen stattfinden. Auch im privaten Rahmen ein Abschiedsfest zu gestalten, ist hilfreich, Altes bewusst loszulassen und Neues zu beginnen. Alle Beteiligten haben dabei die Chance, ihrem Leben mehr Bewusstheit, Ehrlichkeit, Herzensbildung und Tiefgang zu verleihen.

*So könnte eine „Entheiratungs-Anzeige“
oder „Trennungs-Verkündung“ aussehen:*

Magdalena Schneider (geb. Müller)
und Johannes Schneider

geben nach turbulenten, krisenreichen Zeiten
und reiflicher Überlegung ihre Entscheidung bekannt,
in Zukunft getrennte Wege zu gehen.

Wir laden dich/euch zu einem gemeinsamen Fest ein,
bei dem wir Altes loslassen und Neues beginnen wollen
und hoffen auf deine/eure Unterstützung!

Wo:______________________________

Wann:________________________________

Wir freuen uns auf dein/euer Kommen und bitten um Antwort

bis____________

unter__________________________

Prinzipielles zum Thema Beziehung

„Bis dass der Tod euch scheidet“: Bis zum heutigen Tag wird dieses Versprechen ehewilligen Paaren im kirchlichen Rahmen abverlangt und von ihnen auch gegeben. Als Gegenpol dieses „Auftrags“ steigen die Scheidungsraten in Österreich und Deutschland kontinuierlich. Und auch die Trennungen der nicht ehelichen Lebensgemeinschaften nehmen zahlenmäßig zu.

Warum scheitern so viele Beziehungen?

Was stimmt nicht mit diesem „System“ Ehe und Partnerschaft?

„Bis dass der Tod uns scheidet ...“ Betrachten wir den Tod einmal nicht als Aufhören des Atems, als Ende allen Lebens, sondern symbolisch. Der Volksmund sagt: „Das musst du sterben lassen“ oder „Der/Die ist für mich gestorben“.

Was ist damit gemeint?

Es bedeutet, etwas aufgeben, etwas loslassen, jemanden loslassen.

Der Mensch will festhalten, klammern, bestimmen, braucht Sicherheit. Dieser (verständliche) Wunsch ist jedoch gegen die Gesetze des Lebens.

Wie viel haben Sie von Ihrem Leben, was für Sie wichtig war, schon „sterben lassen“ – der Partnerschaft wegen?

Wie viele symbolische Tode ist Ihre Beziehung schon gestorben?

Wie lebendig ist Ihre Beziehung, wie frei?

Das Prinzip in der Natur lautet: „Stirb und werde“: Altes zerfällt im Herbst, damit Neues im Frühling erblühen kann.

Leben heißt Bewegung, Veränderung, Entwicklung, Freiheit. – Freiheit innerhalb der Gesetze des Lebens natürlich.

Unser gesamter Kosmos folgt genauen Gesetzen, sonst wäre alles schon ins Chaos gestürzt und nicht mehr vorhanden. Dann würden z. B. die Planeten ihre eigenen Bahnen ziehen, und die Sonne würde strahlen, wann und wo es ihr gerade passt. Eine Blume oder ein Baum wandert auch nicht aus, weil ihr/ihm der zugewiesene Platz nicht mehr gefällt.

Diese Bilder mögen absurd erscheinen und lächerlich wirken.

Benimmt sich ein Mensch, als wäre er das Zentrum des Universums, und meint, er könne tun und lassen, was immer ihm gerade in den Sinn kommt – als Folge von falsch verstandener Freiheit –, fällt dieses Verhalten zunächst einmal nicht sonderlich auf. Dennoch wäre dies vergleichbar mit einer Blume oder einem Baum auf Wanderschaft oder einem Planeten, der seine Bahn verlässt.

Der Mensch muss sich einer höheren Ordnung beugen. Der Willkür und dem Machtanspruch eines egozentrischen Systems muss sich der Mensch jedoch niemals unterwerfen.

Dieses ichsüchtige System kann er selbst sein, sein Partner, aber auch die Gesellschaft oder der Staat.

Woran erkennt man aber, was Egozentrik und was höhere Ordnung ist?

An den Auswirkungen und Folgen wird der Unterschied deutlich: Egozentrisches Verhalten ist habgierig, besitzergreifend, will unterdrücken, manipulieren, hat niemals genug. Die Unterwerfung unter ein egoistisches System macht abhängig, unersättlich und unzufrieden.

Das Akzeptieren einer höheren Ordnung macht frei.

Das Gesetz des Lebens „Was du säst, wirst du ernten“ formuliert der Volksmund treffend „Wie man in den Wald hineinruft, so schallt es heraus“.

„Was du nicht willst, das man dir tut, das füg auch keinem anderen zu“ hört das Kind bereits im Kindergarten.

Die Gesetze des Lebens, die richtige Haltung eines Menschen finden sich in den Wurzeln des **Christentums** ebenso wie im **Buddhismus**. Achtsamkeit und Mitgefühl sind Kernthemen dieser Weltreligionen.

Was bedeutet dies nun für eine Partnerschaft, für eine Beziehung?

Das Wesen einer guten Beziehung besteht aus:

- ehrlichem Interesse aneinander
- Unterstützung
- liebevoller Begegnung
- Respekt vor der Menschenwürde des anderen und der eigenen
- Freiwilligkeit
- Freiheit, eben im richtigen Sinn verstanden

Liebe ist, den anderen

- sein zu lassen, wie er ist
- in seinem Wesen zu akzeptieren
- wohlwollend in seiner Entwicklung zu fördern
- loszulassen
- freizugeben

Wenn Sie beginnen, dies in Ihrem Leben umzusetzen, haben Sie die besten Chancen auf eine **glückliche und vor allem auch dauerhafte Beziehung**!

Anhang

Märchen – Hilfen aus der Zauberwelt

Nachfolgende Märchen haben das Ziel, durch plastische Bilder **Lösungen für scheinbar unlösbare Probleme** zu finden. Die Bilder machen auf humorvolle Art und Weise den Leser/die Leserin auf die aktuelle eigene Situation aufmerksam, und das **Erfassen des tieferen Sinns** der Geschichte inspiriert zu neuem, lösungsorientiertem Denken.

Veronika Richter

Der Zaubergarten

Zeus und seiner Gemahlin Hera, den Urgöttern der Griechen, war es langweilig im Olymp.

Alles lief wie am Schnürchen in perfekter Harmonie.

Um sich ein wenig zu zerstreuen, entwarfen sie ein Spiel. Ein Spiel, das sie ergötzen und zugleich Bewegung in ihr Leben bringen sollte.

Sie riefen Mara, die Göttin des Wassers, und Soleo, den Sonnengott, zu sich.

Beide erschienen, und, nachdem auch Amor von Zeus und Hera bestellt worden war und heimlich seine Pfeile abschoss, verliebten sie sich augenblicklich unsterblich ineinander. Soleo war vom Liebreiz und der Anmut Maras entzückt und sie bewunderte seine kraftvolle Erscheinung und zerfloss förmlich unter seinen feurigen Blicken.

Zufrieden lehnten sich Zeus und Hera in ihren Thronstühlen zurück: Teil 1 ihres Plans war also schnell gelungen!

Nun folgte die eigentliche Aufgabe: „Steigt hinunter auf die Erde, dort befindet sich ein riesiger Garten. Er birgt in seinem fruchtbaren Erdreich die Wurzeln vieler Blumen, Gräser, Sträucher und Bäume. Bestellt diesen Garten, damit er sprießt und gedeiht. Die Blumen sollen blühen und die Bäume köstliches Obst tragen.

Wisset aber, dass nur ihr beide zusammen, nur das Zusammenspiel von Sonne, Wärme, Licht, Wasser, Regen und Wind Erfolg haben wird. Es ist also nötig, gemeinsam an diese Aufgabe heranzugehen und das richtige Maß zu finden!"
Soleo und Mara waren begeistert und voller Zuversicht, diesen Auftrag innerhalb kurzer Zeit erledigen zu können. Waren sie doch ein Herz und eine Seele und nichts konnte ihr ungetrübtes Glück schmälern.

Noch am selben Tag brachen sie gemeinsam auf und fanden den Garten, von dem Zeus und Hera gesprochen hatten. Nach einer berauschenden Liebesnacht machten sie sich in aller Frühe an ihre Aufgabe. Während Soleo die Erde mit Wärme bestrahlte, sorgte Mara für die nötige Flüssigkeit.

Schon einige Tage später zeigten sich die ersten jungen Triebe und kleinen Blättchen, die Bäume und Sträucher wurden grün. Das wiederum beflügelte die beiden und sie setzten ihre Arbeit fort. Die Abende und Nächte verbrachten sie harmonisch im Liebesglück.

Die Blumen wurden immer größer und kleine Knospen waren hier und dort schon sichtbar. Eines Abends meinte Soleo: „Wenn du, Mara, ehrlich bist, musst du einsehen, dass Sonnenschein und Wärme den Pflanzen besser bekommen als dein Wasser. Daher lass es bitte erst dann regnen, wenn ich dir ein Zeichen gebe, und höre auf, wenn ich es dir sage."

Mara war ziemlich irritiert und beleidigt, denn sie war überzeugt davon, dass Wasser wesentlich wichtiger für das Wachsen der Pflanzen wäre als die Sonne. Sicher würde sie sich nicht von Soleo herumkommandieren lassen und erst dann in Erscheinung treten, wenn er ihr dazu die Erlaubnis gab. Im Gegenteil, sie könnte besser beurteilen, was ihre Blumen jetzt bräuchten.

So entspann sich ein Streit zwischen den beiden, der auch ihr Liebesglück empfindlich störte und in extreme Gefahr brachte.

Soleo wurde zunehmend hitzig in der Debatte und Mara vergoss Tausende Tränen. Ohne Versöhnung gingen sie beide zu Bett und sannen auf Rache.

Völlig außer sich befahl Mara am nächsten Tag ihrem langjährigen Jugendfreund, dem Mond, sich vor die Sonne zu stellen. Es wurde dunkel auf der Erde, obwohl es mitten am Tag war! Die Vögel verstummten und es war, als ob auch die Blumen, Gräser, Bäume und Sträucher den Atem anhielten. Gott sei Dank war der Spuk nach einer knappen Minute vorbei.

Dies erlebten die Blumen als Zeichen, dass die Dinge völlig aus dem Lot geraten waren.

Der Streit zwischen Soleo und Mara, wer wohl wichtiger für das Gedeihen der Blumen sei, wurde immer heftiger. Sie setzte die Erde gnadenlos unter Wasser, sodass es die Blumen mitsamt den Wurzeln wegzuschwemmen drohte. In letzter Sekunde erschien Soleo, vertrieb mit aller Kraft die Regenwolken und machte sich dann am Himmel so richtig breit. Zunächst empfanden die Blumen dies als angenehm, aber allmählich wurde ihnen dann ziemlich heiß, sie konnten nicht mehr atmen und ließen die Köpfchen hängen. Sofort eilte Mara herbei und mithilfe ihres Freundes, des Windes, ließ sie viele Wolken heranblasen. Soleo hatte nun keine Macht mehr, und der für die Blumen erlösende Regen folgte. Die Natur atmete auf, bis kurze Zeit später wieder alles unter Wasser stand und Soleo auf der Bildfläche erschien und alles trocknete.

In der Folge schwankten die Blumen und Bäume zwischen Fortgespültwerden und Austrocknen hin und her und sahen bereits sehr mitgenommen aus. Von Blühen war keine Rede mehr, sie kämpften nur noch um ihr Überleben.

Wenn Soleo und Mara besonders böse aufeinander waren, bewegten sich am Himmel heiße und kalte Luftmassen aufeinander zu und es gab auf der Erde heftige Gewitter mit Blitz und Donner. Dies wiederum verängstigte die Blumen noch mehr, sie waren ziemlich zerzaust, verzweifelt und unglücklich.

Demeter, die Göttin der Erde, beobachtete dieses grausame Spiel eine Weile aus der Distanz, bis sie sich entschloss, einzuschreiten. Sie erschien am Himmelsbogen, wo Soleo und Mara gerade wieder einmal damit beschäftigt waren, sich Strategien zu überlegen, wie einer dem anderen eines auswischen könnte.

„Wisst ihr eigentlich nicht, welche Folgen euer Kampf auf die Wesen hat, die euch von Zeus und Hera anvertraut worden sind??“

Mit diesen Worten holte sie sich die Aufmerksamkeit der beiden und rüttelte sie wach. Nun ließ Demeter Mara und Soleo durch ein magisches Fenster auf die Erde, in ihren Garten und auf ihre Blumen schauen.

Sie konnten beobachten, welche Auswirkungen ihr Tun auf die Blumen hatte und auf einmal erkannten sie das ganze Leid der ihnen anvertrauten Wesen.

Entsetzt und tief betroffen wichen sie zurück und blieben eine ganze Weile sprachlos in Gedanken versunken sitzen. Soleo wurde sogar kalt, was ihm noch nie zuvor passiert war, und Mara fand keine einzige Träne.

Es verging einige Zeit, bis sich beide wieder fassen konnten.

Beschämt blickten sie zu Boden und wagten nicht, einander anzuschauen.

Mara fand als Erste die Sprache wieder und fragte Soleo: „Was ist nur aus unserer Liebe geworden?“

Er erwiderte: „Alles deine Schuld, hättest du getan, was ich von dir verlangte, wäre es nicht so weit gekommen!“ Mara sprang auf und schleuderte ihm entgegen: „Du bist nicht wichtiger als ich, du Hitzkopf!“

Sofort fuhr Demeter dazwischen und stoppte beide „So geht’s nicht!!

Erinnert euch genau an den Auftrag, den ihr von Zeus und Hera erhalten habt: Nur **gemeinsam** könnt ihr den Auftrag erfüllen! Was macht ihr?

Ihr tragt Machtkämpfe aus! Wollt ihr weiter kämpfen, bis alles kaputt ist??

Die Blumen und Bäume brauchen euch **beide**, habt ihr das immer noch nicht begriffen?!! Erinnert euch doch an den Anfang, wo ihr noch liebevoll miteinander umgegangen seid und gemeinsam die Pflanzen zum Wachsen gebracht habt!“

Endlich hatten Soleo und Mara verstanden.

Sie schworen bei Demeter, ab sofort wieder gemeinsam die ihnen anvertrauten Pflanzen zu versorgen, auch wenn sie kein Liebespaar mehr waren.

Und so geschah es dann auch.

Alle Blumen und Bäume atmeten auf und wuchsen prächtig heran.

Zeus und Hera und natürlich auch Soleo und Mara hatten ihre reine Freude an ihrem wunderschönen Garten.

Zum Dank verwandelten Zeus und Hera die blühenden Blumen in Sonnengötter und Wassergöttinnen, und so wurde mit der Zeit die gesamte Erde unter der Anleitung von Soleo und Mara zu einem einzigen riesengroßen Paradiesgarten.

Alexa Mohl

Der Bär und der Hase

Ein verzweifelter Bär suchte den Löwen auf, den Richter des Zoos, und trug ihm seine Beschwerde vor: „Der Hase verlangt von mir meinen letzten Honigtopf!"

„Das ist ja unerhört!", schnaufte der Löwe. „Wie kommt er auf eine so unverschämte Forderung?"

„Na ja", antwortete der Bär. „Ich habe sie ihm vor Jahren mal versprochen."

„Warum haben Sie das denn gemacht?", fragte der Löwe.

„Na ja, weil er sonst noch einen größeren Topf Honig hätte fordern können."

„Das ist ja kaum zu glauben! Und warum konnte er das fordern?"

„Na ja, wir haben uns scheiden lassen."

„Da haben wir es wieder, die Hasen, klein und unschuldiges Getue mit ihren großen Augen, und dann solche Forderungen stellen, die nicht nur einen Bären ins Unglück stürzen. Ich habe da meine Erfahrung. Natürlich hat er die Scheidung gefordert, um Sie so richtig ausbeuten zu können."

„Na ja, so richtig hat er das nicht getan. Aber ein rundes Drittel meines Ruhehonigs musste ich ihm abtreten."

„Ein ganzes Drittel! Das ist hart. Sie haben ein Leben lang Honig gesammelt im Schweiße Ihres Angesichts. Und davon verprasst jetzt der Hase einen dicken Batzen in aller Seelenruhe, ohne etwas dafür getan zu haben."

„Na ja, noch verprasst er den nicht."

„Nicht, wieso?"

„Na ja, den hat erst mal die Zoodirektion beschlagnahmt. Er kriegt erst später was davon."

„Aber das hat der doch so eingefädelt, damit Sie geschädigt werden. Man kennt doch die Heimtücken der Hasen."

„Na ja, eigentlich hat er das nicht eingefädelt."

„Ja, wer sonst hat denn das mit der Scheidung gewollt?"

„Das habe ich gewollt."

„Sie haben das gewollt? Das kann ich nicht verstehen. Sicher hat Ihnen der Hase keine andere Wahl gelassen, hat Sie erpresst, um Ihnen zu schaden."

„So stimmt das nun auch wieder nicht. Er wollte sich gar nicht scheiden lassen."

„Er wollte nicht. Ah, ich verstehe. Er wollte bei Ihnen bleiben, um Ihnen das Leben zur Hölle machen zu können. Und dagegen haben Sie sich gewehrt."

„So stimmt das nun auch wieder nicht. Er wollte nur verheiratet bleiben, damit ich meinen Altershonig ungeteilt verzehren könnte."

„Das ist ja raffiniert. Da hat er Ihnen also versprochen, dass Sie Ihren Altershonig ungeteilt verzehren können, und jetzt kommt er mit der dicken Forderung. So eine Unverschämtheit. So etwas müsste bestraft werden. Sicher haben Sie überhaupt nichts davon gewusst, welche Tücken der auf Lager hatte."

„Das kann man auch nicht sagen. Er hat mir schon deutlich gesagt, dass er auf den Altershonig nicht verzichten würde, wenn ich die Scheidung durchsetzen würde."

„Ja, das kenne ich. Bei der Scheidung kommen sie heraus mit ihren Forderungen, die Hasen: Dann heißt es Zugewinnaufteilung und Unterhalt. Während wir männlichen Tiere schuften müssen, gehen die Weiber mit einem anderen davon, und wir müssen zahlen. Sie treiben sich im Bett eines anderen herum und verprassen mit denen den Zugewinn und den Unterhalt, während wir am Rande des Ruins stehen.

„Na, so war das denn doch nicht."

„Wie war das denn, hat er noch mehr verlangt?"

„Nein, auf den Zugewinn hat er verzichtet. Aber Unterhalt musste ich zahlen."

„Na das reicht ja auch, drei Siebtel unseres mühsam erschufteten Einkommens."

„Na, so viel war es nicht."

„Nein, wie viel denn?"

„Na, nur was er zum Leben brauchte, bis er sich selbst versorgen konnte. Aber immerhin!"

„Na, das soll man wohl meinen. Erst hat man jahrelang eine fürchterliche Ehe zu ertragen, mit allen Schikanen, zu denen ein solches Tier fähig ist. Und dann, wenn man sich endlich befreit hat, muss man ein solches Ungeheuer auch noch unterhalten. Und das alles nur, weil Sie einmal so dumm waren, sich in den Hasen zu verlieben."

„Genau!"

„Sie haben sich in Ihrer Liebe zu diesem unverschämten Tier abgerackert, bis Sie nicht mehr konnten. Und was hat er gemacht? Sich auf die faule Haut gelegt, Ihren Honig geschleckt und mit anderen Hasen poussiert. Bei einer solchen Fürsorge, da würde ich mich auch nicht scheiden lassen wollen."

„Na ja, ganz so war es nicht."

„Aber wie war es dann? Haben Sie nicht um einen Posten im Zoo gekämpft, nur um den Hasen zu versorgen mit allem, was solche Tiere scheinbar brauchen, Kleidchen, Stiefelchen, Pelzchen und Brillanten und dazu Kaviar, Hummer und Champagner auf dem Tisch?"

„Nein, so war es nicht. Den Posten im Zoo hätte ich ohne seine Hilfe nie bekommen. Und den Honig aus dem Zooposten, den habe ich anderweitig gebraucht. Davon hat der Hase nicht viel abgekriegt, gerade mal so viel, wie nötig war, um ihm zu ermöglichen, meinen Haushalt zu führen."

„Ja, aber warum wollten Sie sich dann scheiden lassen?"

„Er hat mir ein schlechtes Gewissen gemacht!"

„So eine Unverschämtheit ...!"

Aus Alexa Mohl:
Alles Einbildung – neue therapeutische und pädagogische Metaphern,
Junfermann Verlag, Paderborn 2001

Christine Nöstlinger

Vorsicht bei der Rücksicht!

In einer Ehe – das erfährt man spätestens beim Trauungsakt von der standesamtlichen Person – haben die Partner Rücksicht aufeinander zu nehmen. Und wer dort sein „Ja“ haucht oder rausposaunt, nimmt sich in dem Moment auch redlich vor, diese Rücksicht zu tätigen, mag kommen, was da wolle!

Gut geht es sorglosen Leuten, die im Laufe der Jahre ein bisserl vergessen, was sie sich auf dem Standesamt bezüglich Rücksicht vorgenommen haben.

Wesentlich härter ist der Alltag derer, die zu ihrem Rücksichts-Vorhaben eisern stehen. Der Mensch will nämlich für gute Taten – und Rücksichtnahme gehört zu diesen – gelobt werden. Aber je perfekter Rücksicht auf den Partner geübt wird, umso weniger bemerkt dieser, dass sie überhaupt geschieht, und sieht keine Veranlassung zum Lob.

Seit fünfzehn Jahren etwa schaltet Frau M. jeden Abend, wenn sie hört, dass Herr M. die Wohnungstür öffnet, den Fernseher aus. Obwohl zu diesem Termin seit fünfzehn Jahren Serien laufen, die sie gerne sieht. Sie tut es aus Rücksicht auf Herrn M., der es nach der Arbeit friedlich-still mag.

Aus Rücksicht auf ihn sagt sie nie, dass sie ans Meer fahren will. Weil er die Berge liebt! Aus Rücksicht auf ihn lädt sie ihre Schwester nie ein. Weil ihn die nervt! Sie kauft keine rosa Vorhänge, weil er Rosa nicht mag. Sie hat sich sogar die wiehernde Art zu lachen abgewöhnt, weil ihn die gestört hat.

Und weil er am Sonntag lang schlafen will, liegt sie still neben ihm, weil er einen „seichten Schlaf“ hat und ihn das Quietschen der Matratze – so sie sich erheben tät – munter machen würde. Alles aus Rücksicht!

Herr M. aber ist harmlos der Meinung, dass seine Frau am TV-Vorabendprogramm kein Interesse hat und grüne Vorhänge liebt, dass sie ihre Schwester und das Meer genauso wenig mag wie er und den Schlaf am Sonntagmorgen genauso liebt wie er. Und dass sie seit einiger Zeit anders lacht, na ja, das ist angenehm, aber warum das so ist, darüber hat er nicht nachgedacht.

Dann kommt Herr M. eines Tages heim, Frau M. kocht Grammelknödel, weil Sohn M. selbige liebt. Herr M. sieht's und sagt: „Die mag ich doch nicht, na ja, auf meine Gustos nimmt man ja nicht Rücksicht!"

Da flippt Frau M. plötzlich aus! Schreit, haut den Topfdeckel zu Boden und droht mit Scheidung!

Und Herr M. hält das für einen kurzfristigen Anfall von Irrsinn, bedingt durch die Wechseljahre.

Also Vorsicht bei der Rücksicht!

Aus Christine Nöstlinger:
Das Leben ist am schwersten zwei Tage vor dem Ersten,
Residenzverlag 2006

Einfach zum Nachdenken

Jedes Ende birgt einen neuen Anfang in sich.
Laotse

Kinder brauchen im Wesentlichen zwei Dinge: Wurzeln und Flügel.
Johann W. von Goethe

Loslassen können:
Es geht nur darum, loslassen zu können
Geburt ist loslassen können,
Wachsen ist loslassen können,
Altwerden ist loslassen können,
Sterben ist loslassen können,
Leben ist loslassen können,
Lieben heißt loslassen können.
Aus einem indianischen Märchen, Autor unbekannt

Der Erwachsene achtet auf Taten, das Kind auf Liebe.
Aus Indien

Die Kinder finden im Nichts das Gesamte, die Erwachsenen im Gesamten das Nichts.
Giacomo Leopardi

Drei Dinge sind uns aus dem Paradies geblieben:
die Sterne der Nacht, die Blumen des Tages und die Augen der Kinder.
Dante Alighieri

Ein Kind ist eine sichtbar gewordene Liebe.
Novalis

Ein Kind ist kein Gefäß, das gefüllt, sondern ein Feuer, das entzündet werden will.
Francois Rabelais

Es gibt keine großen Entdeckungen und Fortschritte,
solange es noch ein unglückliches Kind auf Erden gibt.
Albert Einstein

Kinder, die man nicht liebt, werden Erwachsene, die nicht lieben.
Pearl S. Buck

Kinder müssen mit Erwachsenen sehr viel Nachsicht haben.
Antoine de Saint-Exupéry

Nicht Philosophen stellen die radikalsten Fragen, sondern Kinder.
Hellmut Walters

Nur wer erwachsen wird und Kind bleibt, ist ein Mensch!
Erich Kästner

Die Aufgabe der Umgebung ist nicht, das Kind zu formen,
sondern ihm zu erlauben, sich zu offenbaren.
Maria Montessori

Welches Kind hätte nicht Grund, über seine Eltern nicht zu weinen?
Friedrich Nietzsche

Wenige Eltern nehmen heutzutage Rücksicht auf das, was ihnen ihre Kinder sagen.
Der altmodische Respekt vor der Jugend stirbt fast aus.
Oskar Wilde

Es gibt kein problematisches Kind, es gibt nur problematische Eltern.
Alexander Sutherland Neill

Anfangs lieben Kinder ihre Eltern;
wenn sie älter werden, halten sie Gericht über sie; manchmal verzeihen sie ihnen.
Oscar Wilde

Durch die Eltern spricht die Natur zuerst zu den Kindern.
Wehe den armen Geschöpfen, wenn diese erste Sprache kalt und lieblos ist!
Karoline von Günderrode

Eltern verzeihen ihren Kindern die Fehler am schwersten,
die sie ihnen selbst anerzogen haben.
Marie von Ebner-Eschenbach

Ohne das Kind, das ihm hilft, sich ständig zu erneuern, würde der Mensch degenerieren.
Maria Montessori

Kinder sind Gäste, die nach dem Weg fragen.

Maria Montessori

Durch wenige gute Worte lösen sich oft beschwerliche Knoten.

Johann W. von Goethe

Der Humor ist die kürzeste Brücke zwischen Menschen.

Sprichwort

Friede ist, wenn Menschen im Stande sind,
mit ihren Konflikten kreativ und konstruktiv umgehen.

Johan Galtung

Wir können unsere Kinder nicht erziehen, sie machen uns eh alles nach.

Karl Valentin

Ein Jüngling kommt zu einem weisen, alten Schamanen und fragt diesen:

„Sag mal, kannst du mir sagen, was in uns Menschen, in unserem Inneren, in unserer Seele vor sich geht?"

„Mein Sohn, das ist so: Jeder Mensch trägt zwei Wölfe in sich: Einer verkörpert das Gute, die Liebe, die Freude, die Güte, das Mitgefühl, die Hilfsbereitschaft, das Verzeihen; der andere verkörpert alles Schlechte und Üble in uns, den Neid, den Hass, die Gier, den Zorn, die Rücksichtslosigkeit. Diese beiden Wölfe in uns bekämpfen einander fortwährend."

Darauf der Jüngling: „Schön und gut, aber wer gewinnt denn nun von beiden?"

„Es gewinnt der Wolf, den du fütterst!"

Indianische Weisheit, Autor unbekannt, Fassung Ed Watzke

Bewegter Körper – beweglicher Geist: Übungen zur Erholung und Entspannung

In Zeiten der Trennung und des Neubeginns, wo der Kopf und das Herz schwer sind und sich immer wieder dieselben Gedanken im Kreis drehen, bewährt sich ein Ausgleich auf der körperlichen Ebene.

Die „therapeutische" (Wald-)Runde

Entdecken Sie Ihre eigenen Selbstheilungskräfte, Ihre Kräfte zur Problembewältigung.

Nehmen Sie sich Zeit, besonders wenn Ihr Kopf voll ist und Sie sich blockiert fühlen und in einer Sache nicht weiter wissen, gewissermaßen „anstehen".

Gehen Sie in den Wald und setzen Sie sich in Bewegung, bis Sie ein Tempo erreicht haben, das Sie körperlich fordert, aber nicht erschöpft.

Möglicherweise sehen Sie zunächst „den Wald voller Bäume" nicht, symbolisch für Ihre derzeitige problematische Lage. Lenken Sie Ihre Aufmerksamkeit auf die Natur, auf Ihre Umgebung – weg von Ihren Problemen. Bewegen Sie sich in Ihrem Tempo weiter und weiter, bis Ihre Füße fast von alleine laufen und Ihr Kopf frei wird.

Vielleicht lichten sich gerade die Bäume, Sie erreichen eine Lichtung, Sie werden ruhiger und es wird lichter im Kopf.

Lassen Sie nun Ihre aktuellen Fragen und Probleme auftauchen und auf einmal werden Ihnen Antworten auf Fragen einfallen, Ideen für Lösungen.

Ihnen werden Dinge klar und Sie erkennen die eigenen Grenzen. Mit dieser veränderten Sicht kehren Sie in Ihren Alltag zurück und können das neu Erkannte gleich umsetzen.

Wo: Im Freien – Wald, Wiese, Flussufer, Park, rund um den/die Häuserblock(s).

Dauer: 35 Minuten bis 2 Stunden; bleiben Sie so lange aus, wie es Ihnen guttut und es Ihre Zeit erlaubt.

Tempo: „Power Walking" – zügiges, flottes Gehen, Nordic Walking, Joggen, Laufen, Rennen, wie es Ihnen entspricht, wonach Ihnen gerade ist! Wichtig ist, sich im Tempo ein wenig zu fordern, nicht schlendern oder spazieren gehen, aber nicht zu überfordern. Es soll eine gleichmäßige, beständige Bewegung entstehen.

Wie oft? Mindestens einmal pro Woche, empfehlenswert 2 bis 3 Mal, kann auch täglich sein, wenn Sie es in Ihr tägliches Leben „einbauen" können. Bewegung tut nur dann gut, wenn sie mit Freude praktiziert wird und nicht verkrampft als Pflichtübung verstanden wird.

Ausrüstung: Gute (Lauf-)Schuhe, der Witterung angepasste Kleidung. Je schneller Sie sich bewegen, desto weniger „Schichten" sind nötig.

Wenn es Ihnen einmal besonders schlecht geht, machen Sie dasselbe und gehen Sie hinaus an die frische Luft (auch Stadt-/Straßenluft ist besser als Raumluft). Bewegen Sie sich und lenken Sie Ihre Aufmerksamkeit von sich selbst weg und fragen Sie sich: Gibt es jemanden in meiner unmittelbaren Nähe, der meine Hilfe braucht? Sie finden sicher jemanden, für den Sie etwas tun können. So steigen Sie aus Ihrem Muster aus, und es geht Ihnen gleich viel besser.

Möglicherweise entdecken Sie bei einer Ihrer Runden die besondere Qualität des Gehens und finden Gefallen daran.

Dem Gehen sind, wie Ihren Gedanken, keine Grenzen gesetzt.

Nachfolgende **wahre Geschichte** zur Illustration:

Eine Familie mit zwei Kindern von 5 Jahren und 1,5 Jahren brach an einem 1. April (kein Aprilscherz) von Nürnberg auf: mit Kinderwagen, Hund, Zelt und persönlichem Gepäck im Rucksack. Sie durchquerte Europa auf Pilgerwegen und erreichte im Laufe des Augusts auf dem Jakobsweg Santiago de Compostela.

Aber: Man muss ja nicht gleich übertreiben!

Tatsächlich gönnen sich immer mehr Menschen, denen alles über den Kopf wächst, eine Auszeit durch tagelanges, ja oft wochenlanges Gehen auf Weitwanderwegen oder Pilgerwegen. Das bringt Klarheit. Dabei findet jeder Lösungen für aktuelle Probleme und Entscheidungshilfen.

Erholung und Entspannung durch den Wechsel im Tun

Eine gute Methode, sich abzulenken und durch die entstandene Distanz die Sichtweise zu verändern und zu guten Lösungen zu finden: „Der kluge Mensch erholt sich bei einer anderen Tätigkeit."

Erholung und Entspannung meinen nicht zwangsläufig, nichts zu tun, sondern einen **Ausgleich** zu schaffen **durch den Wechsel im Tun**. Nichts spricht gegen die „Hängematte", denn auch gelegentliches Nichtstun kann sehr entspannend sein. Probieren Sie es aus: Wenn Sie gestresst nach Hause kommen, machen Sie etwas, was Sie gerne tun, z. B. kochen, singen, tanzen, musizieren, fotografieren, lesen, gärtnern etc., statt sich auf die Couch fallen zu lassen oder hastig mit Pflichtarbeiten zu beginnen.

Es gilt, wie immer, die für sich selbst richtige Dosis zu finden.

Hilfe aus dem Internet

ÖSTERREICH

www.alleinerziehen.at

www.alleinerziehende.at

www.ananas.at
Beratung und Unterstützung

www.app-wien.at
ARGE f. psychoanalytische Pädagogik

www.beratungsstelle.at

www.bestHelp.at

www.bmwfj.gv.at

www.collaborativelaw.eu
www.cl-team.at
Kooperative Rechtspraxis

www.dialogfuerkinder.at

www.doppelresidenz.at

www.elternforum.at

www.elternwerkstatt.at

www.endegutallesgut.at

www.erziehungswerkstatt.at

www.familienberatung.gv.at

www.familienbund.at

www.happykids.at

www.help.gv.at

www.kinderrechte.gv.at

www.kind-und-kegel.at

www.lobbyfuerkinder.at

www.moki.at
Mobile Kinderbetreuung

www.oebm.at
Österreichischer Bundesverband
für Mediation

www.oeit.at
Für Paare und Familien in Veränderung

www.patchworkfamilien.at

www.rainbows.at
Begleitung für Kinder und Jugendliche

www.rataufdraht.orf.at

www.susannestrobach.at
Mediation, Coach, Trainerin

www.trennungundscheidung.at

www.vaeter-ohne-rechte.at

www.wohncoaching.at
Wohnideen für neue Familienformen

www.2minus1.at

DEUTSCHLAND

www.familienhandbuch.de

www.bke-beratung.de
Elternberatung

www.bmfsfj.de
Familienministerium

www.familienrecht-ratgeber.de

www.bmev.de
Bundesverband Mediation

www.trennungswege.de/links.html
Umfangreiche Linksammlung

www.vaeterfuerkinder.de

www.grosseltern-initiative.de
Umfangreiche Linksammlung

SCHWEIZ

www.vaeternetz.ch

www.konfliktberatung.ch/links.html

www.vev.ch/index.php

www.scheidungskind.ch

www.mannschafft.ch/tipps-links/links

Bücher sind wie Freunde

BRUNO BETTELHEIM: Ein Leben für Kinder. Erziehung in unserer Zeit. Beltz 2003

JORGOS CANAKAKIS: Auf der Suche nach den Regenbogentränen. Bertelsmann 1994

BABETTE COLE: Wir teilen alles. Sauerländer 1998

LAURENE KRASNY BROWN/MARC BROWN: Scheidung auf Dinosaurisch. Carlsen 1988

HELMUTH FIGDOR: Kinder aus geschiedenen Ehen: Zwischen Trauma und Hoffnung. Matthias-Grünewald-Verlag 2001

HELMUTH FIGDOR: Scheidungskinder – Wege der Hilfe. Psychosozial-Verlag 2000

GERALD DREWS: Praktische Anleitung für Wochenendväter. Trotz Trennung Vater bleiben. Vgs 2001

BIRGIT JELLENZ-SIEGEL: ... und was ist mit mir? Kinder im Blickpunkt bei Trennungs- und Verlusterlebnissen. Steirische Verlagsgesellschaft 2001

REMO H. LARGO/MONIKA CZERNIN: Glückliche Scheidungskinder. Trennungen und wie Kinder damit fertig werden. Piper 2010

MATTHIAS OCHS/RAINER ORBAN: Familie geht auch anders. Wie Alleinerziehende, Scheidungskinder und Patchworkfamilien glücklich werden. Carl-Auer-Systeme 2008

PETER SCHEER/MARGUERITE DUNITZ-SCHEER: meine, deine, unsere. Leben in der Patchworkfamilie. Falter 2008

BRIGITTE SPANGENBERG: Märchen für Scheidungskinder. Hilfen aus der Zauberwelt für Kinder und Eltern. Humboldt-Taschenbuchverlag 1997

SUSANNE STROBACH: Scheidungskindern helfen. Übungen und Materialien. Mit Kopiervorlagen. Juventa 2011

SUSANNE STROBACH: Mehr Zeit für mich – Eltern ohne Burnout. Goldegg 2008

BJÖRN SÜFKE: Männerseelen. Ein psychologischer Reiseführer. Goldmann Verlag 2010

PETRA SZAMMER: Antonia, ihre Brüder und der Papa. Die Geschichte vom Leben in zwei Familien. Falter 2008

LIESELOTTE WILK/ULRIKE ZARTLER: Leben mit Stiefeltern. Wie Kinder sich fühlen und was sie brauchen. G&G Verlagsgesellschaft 2004

Kostenlose Broschüren/Bücher

„Partnerschaft, Ehe, Trennung, Scheidung RechtsABC"
Bestellservice d. Bundeskanzleramts T.: 01-53115-2613

„Zeit zum Vatersein" beim BM f. Soziales u. Konsumentenschutz
bestellbar unter T.: 0800-202074

Filmempfehlung:

„Karo und der liebe Gott"
Wie ein Kind lernt, die Trennung der Eltern zu akzeptieren und wie Eltern lernen, was ihr Kind in dieser schwierigen Zeit braucht.